Martin Luther

Mystik und Freiheit des Christenmenschen

Martin Luther

Mystik und Freiheit des Christenmenschen

Textauswahl und Kommentar
von Gerhard Wehr

marixverlag

Bibliografische Information der Deutschen Nationalbibliothek
Die Deutsche Nationalbibliothek verzeichnet diese Publikation in der Deutschen Nationalbibliografie; detaillierte bibliografische Daten sind im Internet über http://dnb.d-nb.de abrufbar.

Covergestaltung: Nicole Ehlers, marixverlag GmbH
Bildnachweis: akg-images GmbH, Berlin
Lektorat: Dr. Bruno Kern, Mainz
Satz und Bearbeitung: Medienservice Feiß, Burgwitz
Der Titel wurde in der Stempel Garamond gesetzt.
Gesamtherstellung: GGP Media GmbH, Pößneck
Printed in Germany

ISBN: 978-3-86539-264-0

www.marixverlag.de

Inhalt

I. Einleitung

1. Mystik im Protestantismus

War Martin Luther ein Mystiker? Wie passt sein von spektakulären Ereignissen begleiteter reformatorischer Durchbruch zu einer nach innen gekehrten Spiritualität und Frömmigkeit? Warum hat sich der Allgemeinheit die Tatsache nicht oder nur wenig vermittelt, dass das epochale Werk des Wittenberger Reformators aus mystischer Ergriffenheit hervorgewachsen ist? Denn längst weiß die Luther-Forschung von der Bedeutung, die die mittelalterliche Mystik für den Erfurter und Wittenberger Augustinermönch erlangt hatte. Mystische Schriften waren es, die auf den jungen Luther so großen Eindruck gemacht haben, dass er seine Freunde und reformatorisch gesinnten Anhänger darauf aufmerksam gemacht hat. Und seine Empfehlung hat gewirkt!

Wer sich nun nach Eigenart und Bedeutung der Mystik im Protestantismus erkundigt, stößt alsbald auf einen Widerspruch, der durch ein momentanes, seit einigen Jahrzehnten zu beobachtendes Mystikinteresse innerhalb wie außerhalb der Kirche kaum wettgemacht wird. Der Widerspruch besteht darin, dass mystische Erfahrung von vielen bald mit unklarer Schwärmerei, bald mit einer dem Wesen der Reformation widerstreitenden Geisteshaltung gleichgesetzt wird. Weit verbreitete Skepsis, Desinteresse oder generelle Ablehnung resultieren daraus, zumal hierbei auf prominente Theologen und Kirchenhistoriker verwiesen werden kann. Demzufolge ist zunächst mit einem ernüchternden Befund zu rechnen. Abgesehen davon differieren die Vorstellungen davon, was unter mystischer Frömmigkeit zu verstehen ist, erheblich. Mit bloßen Definitionen ist kaum gedient. Weiter führen biografische Porträts Kundiger sowie deren auf Erfahrung gestützte Lebenszeugnisse. Doch zuvor eine kritische Bemerkung:

Die evangelische Theologie und Kirche ist offenbar mit einer nicht unerheblichen Hypothek belastet, die nicht leicht zu tilgen sein dürfte. Lässt man die im Laufe der kirchengeschichtlichen Epochen zu Tage getretenen spirituell-mystischen Rinnsale außer Acht[1], die es auch im Protestantismus immer gegeben hat, so handelt es sich um ein spirituelles Defizit, wenn nicht gar um ein ebensolches Vakuum. Es besteht seit Jahrhunderten und dürfte, durch aufklärerisches Denken verstärkt, mit der Eigenart der reformatorischen Frömmigkeitspraxis zusammenhängen.

Hierfür einige Beispiele: Da ist etwa Adolf von Harnack (1851 – 1930), der als prominenter liberaler Theologe und Kirchenhistoriker an der Universität Berlin zu Beginn des 20. Jahrhunderts „Das Wesen des Christentums“ in seinen Umrissen gezeichnet hat. Im Lehrbuch zur Dogmengeschichte dieses weithin gerühmten Protestanten liest man: „Die Mystik ist *die* katholische Frömmigkeit überhaupt, soweit diese nicht bloß kirchlicher Gehorsam, d.h. fides implicita, ist.“[2]

1 Klaus Ebert (Hrsg.), Protestantische Mystik. Eine Textsammlung, Weinheim 1996. – Gerhard Wehr, Mystik im Protestantismus. Von Luther bis zur Gegenwart, München 2000.

2 Adolf von Harnack, Lehrbuch der Dogmengeschichte (1886 ff.), Bd. III, Tübingen 1910, 434.

Ein Mystiker, der nicht Katholik wird, sei demzufolge bestenfalls „ein Dilettant". Und Harnack fügt hinzu: „Die Mystik wird man niemals protestantisch machen können, ohne der Geschichte und dem Katholizismus ins Gesicht zu schlagen."[3] Harnack meinte im Übrigen, dass ein veräußerlichtes und vereinseitigtes Verständnis der lutherischen Rechtfertigungslehre die sogenannte „katholische Mystik" gefördert und „das evangelische Lebensideal verdunkelt" habe. Dass Harnack mit seiner negativen Bewertung der mystischen Erfahrung auf den Schultern anderer steht, etwa auf denen von Albrecht Ritschl im 19. Jahrhundert, und dass spätere Theologen, unter ihnen der Reformierte Karl Barth (1886 – 1968) sowie solche aus dem Luthertum, gefolgt sind, können wir hier beiseite lassen. Man fürchtete gar, es handle sich um einen „Abfall von Gott", und dass man auf diese Weise eine egozentrierte, auf „Selbsterlösung" ausgerichtete Menschengerechtigkeit zu etablieren versuche. Man meinte in den ersten Jahrzehnten des 20. Jahrhunderts, die reformatorisch verstandene *Rechtfertigung des Gottlosen* als alleinige Tat Gottes gegenüber einer angeblich von Menschen gemachten Mystik verteidigen zu müssen.[4] Der Erlanger Lutheraner Paul Althaus warnte bereits vor dem Gebrauch des Wortes „Mystik" und schrieb (1924): „Die Mystik als selbständige religiöse Lebensform ist der Todfeind biblisch-reformatorischen Christentums und durch keine Synthese mit ihm auszugleichen."[5] In seiner Dogmatik charakterisiert er Mystik als „Aufhebung des personhaften Gegenübers von Gott und Mensch". Vom Evangelium her

3 AaO., 436.

4 Gerhard Wehr, „Nirgends, Geliebte, wird Welt sein als innen". Mystik im 20. Jahrhundert, Gütersloh 2011, 123 – 164.

5 Paul Althaus, Die Christliche Wahrheit, Bd. I, Gütersloh 1947, 162.

gesehen stelle sie einen „Fluchtversuch vor der personhaften Wirklichkeit Gottes (dar) und aus der wahren Lage des Menschen vor ihm“[6]. Die mystische, somit die nach innen gewandte, Grundhaltung werde „durch Christus gerichtet und abgetan“. Es gelte nur das reformatorische Prinzip mit dem „sola gratia, sola fide“ (allein aus Gnaden, allein durch den Glauben). Alles andere sei widersinnige Zutat. In der Tat entspricht diese Position dem Ansatz Martin Luthers. Auf ihn meint man sich zu berufen, wenn man sich aus protestantischer Sicht skeptisch über die mystische Spiritualität äußert. Die Zahl ähnlicher Aburteilungen ließe sich vermehren.

Angesichts eines solchen Negativbefundes stellt sich die Frage, welche Chance die christliche Mystik im Protestantismus überhaupt gehabt hat, und zwar bereits in ihrer Anfangszeit, also etwa im ersten Jahrhundert nach dem sogenannten Thesenanschlag von 1517. Und muss man – um auf jenes Wort von Harnack anzuspielen – etwa die Mystik erst künstlich „protestantisch“ machen? Oder gehört nicht gerade sie vielmehr zum Wesensbestand des christlichen Glaubens überhaupt, und zwar unabhängig von allen konfessionellen Verschiedenheiten? Man denke nur an die reiche Tradition, die sich von der Urchristenheit, von Paulus und dem Johannesevangelium her über viele Jahrhunderte und kirchengeschichtliche Epochen hinweg erstreckt.[7] Und nicht nur dies: Man nehme nur das berühmte Wort Karl Rahners: „… der Fromme von morgen wird ein Mystiker sein, einer, der etwas ‚erfahren‘ hat, oder er wird nicht mehr sein …“[8]

6 AaO., 169.

7 Gerhard Wehr, Christliche Mystiker. Von Paulus und Johannes bis Simone Weil und Dag Hammarskjöld, Regensburg 2008.

8 Karl Rahner, Frömmigkeit heute und morgen, in: ders., Schriften zur Theologie, Bd. 7, Einsiedeln 1966, 22.

Zu sprechen ist nun von *Martin Luther* (1483 – 1546) selbst. Nicht darum soll es gehen, den Wittenberger Reformator für eine bestimmte Frömmigkeitsform ausschließlich dingfest machen zu wollen oder als „Mystiker" auszurufen. Aber außer Frage steht, dass Luther ohne wirkkräftige Impulse aus der mystischen Tradition gar nicht zu denken ist. Sie bestimmt seine gelebte individuelle Frömmigkeit, sein Gebetsleben, seine meditative Vergegenwärtigung der Christusbotschaft. Will man seine Glaubensart auf einen einfachen Nenner bringen, dann erinnert man sich seiner These: „Gebet, Meditation und [Bewährung in der] Anfechtung machen einen Theologen aus." (*Oratio, meditatio et tentatio faciunt theologum*). Sie begründen das geistliche Leben eines Christenmenschen. Davon wird noch zu sprechen sein.

Man erinnere sich: Luther, der aus Eisleben stammende anfängliche Jurastudent, hatte bereits während seines Studiums eine Lebenswende vollzogen.[9] Es war ein Spontanereignis während eines heftigen Gewitters, das den letzten Anstoß dafür gab, dass der mit dem Todesproblem ringende junge Mann seinem Leben die entscheidende Wende gab. Es führt zum Entschluss, ein Augustiner-Eremit, also Mönch und Ordensmann, zu werden. In seinem Erfurter Mutterkloster wurde er in die geistliche Disziplin eingeführt, in Gebet und Meditation, nicht zuletzt in die *cognitio Dei experimentalis*, also in die auf Erfahrung gegründete Gotteserkenntnis. Diese Formulierung gilt als eine Standarddefinition dafür, was schon Jahrhunderte vor Luther unter christlicher Mystik verstanden worden ist. Insofern hat christlicher Glaube nicht etwa mit einem bloßen Für-wahr-

9 Vgl. die entscheidenden Daten seines Lebens und der Reformationgeschichte auf der Zeittafel.

Halten dogmatischer Aussagen zu tun, sondern mit *innerer Erfahrung*, die wiederum auf die ganze Lebenshaltung im Angesicht Gottes ausstrahlt. Mit anderen Worten: Unter Mystik lässt sich die lebendige, in die Tiefe der menschlichen Existenz eingreifende *Erfahrung der Gottesgegenwart* verstehen. Von daher gesehen hat Luther auch niemals aufgehört, „katholisch“ zu sein. Das heißt, er hat nie aufgehört, der *einen* allgemeinen Kirche des *einen* Jesus Christus anzugehören und seine Existenz auf ihn zu gründen.

Zum anderen gibt es das, was sich als die „Ökumene des Geistes“ bezeichnen lässt, die ebenfalls von keiner Konfession, auch nicht vom Christentum in seiner Gesamtheit ausschließlich in Anspruch genommen werden kann. Es handelt sich darum, dass der geistoffene Mensch mit all jenen innerlich verbunden ist, die in der einen oder anderen Religionsform durch die innere Stimme des Geistes angesprochen werden. Mystisch sensible Menschen, unter ihnen in den Tagen der Reformation beispielsweise Thomas Müntzer oder Sebastian Franck, setzten sich über die konfessionalistischen Pferche hinweg und wollten auch „Türken und Heiden“, also Muslime und andere Nichtchristen, dabei haben, wenn sie vom Leben im Geist Zeugnis ablegten. Das entsprach freilich einer erheblichen Erweiterung ihres Mystik-Verständnisses. Zurückblickend könnte man auch von der Bewegung der Gottesfreunde und Gottesfreundinnen sprechen, die in den Tagen von Johannes Tauler, Heinrich von Nördlingen, Christina Ebnerin und vielen anderen in einem regen Austausch gelebt haben. Von diesem älteren Zweig dieser Geistesart ist Luther nicht abzulösen. Auch wenn er Schriften Meister Eckharts wohl nicht kannte, so schätzte er die Predigten Taulers sehr! Thomas Müntzer und viele andere folgten hierin Luthers Empfehlung.

2. Luthers Zugang zur Mystik

Die Berührung mit der Mystik muss bei Luther schon verhältnismäßig früh eingesetzt haben, auch wenn sie erst in der Reife seines Lebens und theologischen Schaffens voll zum Tragen gekommen ist. Bereits während seiner kurzen Magdeburger Schulzeit (1497/98) kam es zu ersten Berührungen. Martins Lehrer waren in Magdeburg „Brüder vom gemeinsamen Leben". Es handelte sich um Vertreter jener *Devotio moderna* (neue Frömmigkeit), die eine persönlich erfahrene und gelebte Religiosität betonten. Es ging um die *Imitatio Christi*[10], um das große, die christliche Existenz bestimmende Thema Nachfolge Christi. Das ist auch der Titel der bis heute weit verbreiteten Erbauungsschrift, die dem Thomas a Kempis (gestorben 1471) zugeschrieben wird: „Daher sei unser höchstes Studium, uns in Jesu Leben zu versenken. Seine Lehre überragt ja alle Lehren der Heiligen, und die Gottes Geist haben, werden dort ‚verborgenes Manna' finden ... Wer aber Christi Worte völlig verstehen und schmecken will, der muss danach trachten, sein ganzes Leben ihm nachzubilden [*conformitas*]."[11]

Aus demselben Kreis jener *Devotio moderna* stammt ein anderes Werk, das der junge Erfurter Augustiner hoch schätzte, nämlich das sogenannte *Rosetum* geistlicher Übungen des Mauburnus (Johannes Mombaer aus Brüssel). Auf diese Weise gewann Luther Einblick in die meditative Praxis vom ältesten Christentum bis zu den Mystikern und

---

10 Hans Norbert Janowski (Hrsg.), Geert Grote, Thomas von Kempen und die Devotio moderna, Olten/Freiburg 1978.

11 Gerrit Grote, Die Nachfolge Christi oder das Buch vom inneren Trost, Olten 1947, 17.

Mystikerinnen des Mittelalters. Und das kann nicht die einzige Quelle dieser Art gewesen sein. Wesentlich ist die Gebetspraxis als solche, die durch den gottesdienstlichen Vollzug Tag für Tag und von Gebetszeit zu Gebetszeit im Kloster geübt wird. Man sollte daher nicht vergessen, dass der Initiator der Reformation volle fünfzehn Jahre lang Mönch gewesen ist! Nun fragt es sich: Wie passen Mystik und reformatorische Erkenntnis bei Luther biografisch betrachtet zusammen? – Es ist der in die Tiefe der Gottesferne und der daraus sich ergebenden Verzweiflung hineingestürzte, mit der *iustitia Dei*, der Gerechtigkeit Gottes, ringende Christ, der keinen Ausweg findet. Dieser Situation gibt er Ausdruck in den Versen aus seinem Lied „Nun freut euch lieben Christen g'mein“:

> *„Die Angst mich zur Verzweiflung trieb,*
> *dass nichts denn Sterben bei mir blieb /*
> *zur Höllen musst ich sinken.“*

Von seinem darin sich ausdrückenden Sündenbewusstsein gepeinigt, wendet sich der geängstigte Mönch an Johannes von Staupitz, den für ihn zuständigen Ordensoberen, der selbst durch mystische Erfahrung geprägt ist. Und wenn Luther rückblickend sagt, er habe seinen entscheidenden Erkenntnisgewinn, seinen Existenzgewinn als das *Sein in Christus*, allein ihm zu verdanken, dann wird deutlich, welche seelsorgerliche Hilfe er von dem älteren Mitbruder empfangen haben muss. Das konnte Luther nur deshalb bekennen, weil Johannes von Staupitz seinen jungen Ordensbruder auf Christus – *solus Christus* (allein Christus) – hingewiesen hat, sodass er sagen konnte: Allein Christus ist unsere Gerechtigkeit, und zwar nicht etwa in Gestalt einer unerfüllbaren Forderung religiöser Werke, die die mittelalterliche Kirche von jedem Einzelnen verlangt. Vielmehr ist es die bereits gegebene, als ein Geschenk zu empfangende unverdienbare Gnade Gottes, die das Heil verbürgt. Vereinfacht ausgedrückt und auf die neutestamentliche Quelle bezogen, heißt das: Es ist die Christus-Mystik des Apostels Paulus, die für den werdenden Reformator bestimmend wird, sodass er als Ergebnis seines religiösen Erkenntnisringens sein programmatisches *sola fide* (allein aus Glauben) formulieren kann.[12]

Zeitlich befinden wir uns in den Jahren zwischen Luthers Rom-Reise (1510/11) und seinem sogenannten Thesenanschlag (1517). Zum Doktor der Hl. Schrift (1512) promoviert, wird er Theologieprofessor in der neu gegründeten Universität des kursächsischen Städtchens Wittenberg. Zu seinen Lehrverpflichtungen gehören die großen exegetischen Vorlesungen über die Psalmen, den Römerbrief, den Galater- und Hebräerbrief. Darüber ist nicht zu vergessen, dass zur selben Zeit eine kleine anonyme Schrift in seine Hände gelangt, die *Theologia Deutsch.* Man führt sie auf einen Kustos der Deutschherren zu Sachsenhausen bei Frankfurt zurück, daher bisweilen auch *Der Frankfurter* genannt.[13] Eine der ersten Publikationen des Reformators ist somit eine *mystische Schrift deutscher Sprache*! Das will mit Blick auf das ganze weitere Schaffen des Wittenberger Reformators bedacht sein. Denn er hat diese *Theologia Deutsch* als Erster – 1516 und in erweiterter Form 1518,

12 Einschränkend wird anzumerken sein, dass es die Frage nach der Gerechtigkeit Gottes war, auf die Luther im paulinischen Römerbrief die entscheidende Antwort erhielt.

13 Der Franckforter – Theologia Deutsch. Kritische Textausgabe von Wolfgang von Hinten, München 1982. – Gerhard Wehr (Hrsg.), Theologia Deutsch. Eine Grundschrift der deutschen Mystik, Andechs 1989.

also ein Jahr vor und ein Jahr nach Veröffentlichung seiner revolutionären *95 Thesen* – herausgegeben. Der katholische Theologe Josef Bernhart bemerkt einmal: „Die junge Reformation fand in dem Büchlein, was sie brauchte: eine lebendig warme Frömmigkeit, die Theologie trieb nicht um der Theologie, sondern um der Frömmigkeit willen.“[14] – Luther hat es ein „geistlich edles Büchlein“ genannt. Es handle von dem, was der alte und der neue Mensch sei, wie der alte Adam in uns sterben und Christus als der neue Adam in uns auferstehen soll. Es geht also um den mystischen Tod und um das geistliche Auferwecktwerden. Die beiden Vorworte, die der Wittenberger Augustiner als Herausgeber seinen Editionen vorangestellt hat, stellen eine einzige Rühmung dar. Denn darin heißt es: Von der Bibel und den Schriften des Kirchenvaters Augustinus abgesehen habe er bis dahin kein Buch in die Hand bekommen, daraus er mehr an Gotteserkenntnis geschöpft habe. Und es sei nur zu wünschen, dass noch mehr solcher Bücher veröffentlicht werden.

Man wird sich nicht damit aufhalten müssen, dass diese hohe Rühmung aus heutiger Sicht gewiss eine Überbewertung darstellt. Der Zeitpunkt und der Lebensaugenblick des mit der Gerechtigkeit Gottes ringenden Ordensmannes sind zu bedenken. Feststeht immerhin, dass die *Theologia Deutsch* als eine Grundschrift der volkssprachlichen Mystik nach der Art der Predigten eines Johannes Tauler in einem entscheidenden Augenblick Luthers Aufmerksamkeit geweckt hat. Es handelte sich um die Jahre um und nach 1510, als der Mönch und Theologe den theologischen Klärungs-

14 Der Frankfurter, Eine Deutsche Theologie. Übertragen und eingeleitet von Joseph Bernhart, München 1946, 120.

prozess durchlief, der ihn zur reformatorischen Erkenntnis in Wort und Schrift und Tat geführt hat. Es ist jene Erkenntnis, die in den „Glauben ohne des Gesetzes Werke“ (*sola fide*) einmündet. Es war der katholische Kirchenhistoriker Hubert Jedin, der darauf hinwies, dass dieser Glaube bei Luther ausgesprochen mystische Züge trägt. Es ist jene Mystik, die mit dem Begriff des *raptus* ausgedrückt wird; gemeint ist ein „Hineingerissenwerden des Geistes in die klare Erkenntnis des Glaubens“. Da ist der ganze Mensch beteiligt, der mit Gott konfrontierte Mensch in der Tiefe seiner Existenz.

3. Luthers Einschätzung der Glaubensmystik

Die Bedeutung der Mystik im theologischen Denken Luthers ist von der Luther-Forschung je nach der eingenommenen Perspektive unterschiedlich bewertet worden. Eine Reihe von Studien zeigt, dass die Gesamtkonzeption der zur Reformation führenden Theologie des jungen Luther bis in seine spätere Wirksamkeit hinein mystisch geprägt ist.[15] Immer wieder wird die für ihn wichtige Rolle des Eckhart-Schülers Johannes Tauler und der *Theologia Deutsch* hervorgehoben. Man denke nur daran, wie oft gerade dieses Büchlein bis heute wieder und wieder herausgegeben und interpretiert worden ist. Denn die Erfahrung (*experientia*) ist es, auf die es ankommt; sie macht einen Theologen aus!

15 Martin Brecht, Martin Luther. Sein Weg zur Reformation 1483 – 1521, Stuttgart 1981; 1990. – Ivar Asheim (Hrsg.), Kirche, Mystik, Heiligung und das Natürliche bei Luther. Vorträge des Dritten Internationalen Kongresses für Lutherforschung, Göttingen 1967. – Berndt Hamm/Volker Leppin (Hrsg.), Gottes Nähe unmittelbar erfahren. Mystik im Mittelalter und bei Martin Luther, Tübingen 2007.

Das ist Luthers mehrfach ausgesprochene Überzeugung. Diese Einsicht machten sich alsbald Luthers Anhänger und Nachfolger nicht weniger zu eigen als ein so erbitterter Widersacher wie Thomas Müntzer (gest. 1525). Von ihm wird noch zu sprechen sein. Man darf nur nicht verharmlosen, dass der werdende Reformator als Mönch durchaus zwiespältige Erfahrungen gemacht hat, namentlich mit dem spekulativen Zug der Mystik, an ihrer Spitze der anonyme, von der mittelalterlichen Theologie und Mystik hoch geachtete Dionysios Areopagita[16] (um 500), der aus der frömmigkeitsgeschichtlichen Tradition der Christenheit nicht wegzudenken ist, ebenso wenig wie der Franziskaner Bonaventura auf dem von ihm gedeuteten Pilgerweg zu Gott.[17] Wenn diese Männer und nicht zuletzt die von besonderen Heimsuchungen ergriffenen Frauen von der Vereinigung der Menschenseele mit dem Ewigen (*unio mystica*) schrieben, so habe dies den um die Rechtfertigung vor Gott ringenden Augustinermönch, wie er sagt, „fast toll" gemacht! Seine religiöse Ergriffenheit erwuchs nicht so sehr aus außerordentlichen Erlebnissen; sie gründet sich auf das Wort der Schrift.

Gleichwohl hat Luther selbst spirituelle Höhenerfahrungen aufzuweisen. Zu ihnen hat er sich gelegentlich ausdrücklich bekannt. Und doch muss man sagen: *Diese* Art des Innewerdens der Gottesnähe konnte *sein* Weg nicht sein. Ihm konnte es nicht darum gehen, in die Höhe spiritueller Ausnahmezustände zu gelangen, sondern ihm war

16 Josef Sudbrack, Trunken vom Hell-Lichten Dunkel des Absoluten. Dionysios der Areopagite und die Poesie der Gotteserfahrung, Freiburg 2001. – Beate Regina Suchla, Dionysius Areopagita. Leben, Werk, Wirkung, Freiburg 2009.

17 Bonaventura, Itinerarium mentis in Deum – Pilgerbuch der Seele zu Gott, München 1961.

von entscheidender Wichtigkeit, dass Gott in Jesus Christus den *Weg in die Tiefe* gegangen ist. Das ist das Eine. – Auf der anderen Seite aber haben wir zahlreiche Zeugnisse dafür, wie Luther sich immer wieder der Aussageweise der Mystik bedient, um das Wesen seines Christusglaubens verständlich zu machen, beispielsweise in seinen Vorlesungen über den Hebrärerbrief. Für ihn war der Christusglaube in seiner Hochform nach eigenem Bekunden „ein Hinweggenommenwerden [*raptus*] und ein Entrücktwerden [*translatio*]".

Nach seiner Überzeugung werde Christus durch den Glauben zu *unserer substantia*, zu unserem Reichtum; andererseits werden wir durch denselben Christus *seine substantia*; das heißt: Wir werden eine neue Kreatur, die *kainé ktísis*, das heißt die neue Schöpfung, auf die bereits Paulus (2 Kor 5,17) aufmerksam macht. Glauben heißt daher für Luther: Christus anziehen, eins mit ihm werden und alles mit ihm gemeinsam haben. Einmal gebraucht er die Vokabel *conglutinatio* (Zusammenleimung), die die Verbundenheit des Sünders mit seinem Erlöser in möglichst sinnenhafter Weise ausdrücken soll. Dies in Anspielung auf die *unio mystica*, die hier freilich keine mystische, das menschliche Ich auslöschende Verschmelzung meint, sondern *communio* und ein personales Zusammenkommen des Gottlosen mit seinem Gott, der ihn aus der Verlorenheit herausreißt. Entscheidend ist aber auch für ihn der Erfahrungscharakter (*experimentaliter*), gilt es doch, mit Christus Gleichförmigkeit (*conformitas*) zu erlangen.

Wir kommen damit in die Nähe der Brautmystik, wie sie in Anlehnung an das biblische *Hohelied* Salomonis in der frühen Kirche seit Origenes, Gregor von Nyssa, im Mittelalter seit Bernhard von Clairvaux oder Mechthild von

Magdeburg und vielen anderen erlebt worden ist.[18] Und selbst in einer der reformatorischen Hauptschriften, *Von der Freiheit eines Christenmenschen* aus dem Jahr 1520, lässt Luther dieses Motiv anklingen, wenn er dort von einem „fröhlichen Wechsel" (Tauschhandel) spricht, bei dem der Mensch sein Sündersein dem Christus übergibt und von ihm in der Gestalt des Brautrings das Unterpfand des neuen Seins empfängt: In der Tat ein fröhlicher Austausch, ein lebensentscheidender Gewinn. Er ist nicht im Entferntesten zu vergleichen mit dem zeitgenössischen Gegenbild (Ablasshandel) von dem durch Geldgier motivierten äußeren Gewinn, dessen sich die römische Kirche seiner Zeit schuldig gemacht hat. Bei Luther kann man stets mit einer anschaulichen, oft zupackenden Redeweise rechnen. Und wenn in der erwähnten Freiheitsschrift von dem Angebot des Bräutigams Christus die Rede ist, von dem Bräutigam, der das arme, verachtete, „böse Hürlein" zur Ehe nimmt, dann bedient sich Luther wiederum des Sprachguts und der Symbolik der Mystik. Gewiss geschieht dies nicht mehr in der erotisch gesteigerten Poesie einer Mechthild von Magdeburg[19], die Martin Luther für seine theologischen Kernaussagen heranzieht, um hervorzuheben, in welcher Weise er die Lebens- und Liebesgemeinschaft mit Christus verständlich machen will. Aber außer Frage steht, dass die von ihm vorgetragene Botschaft von der auf Befreiung von einem frommen Leistungsdenken ausgerichteten reformatorischen Erkenntnis maßgebliche Anstöße durch die

18 Gerhard Wehr, Mystik im Protestantismus. Von Luther bis zur Gegenwart, München 2000. Martin Luther, zit. bei Karl Gerhard Steck, Luther und die Schwärmer, Zollikon-Zürich 1955, 25.

19 Gerhard Wehr (Hrsg.), Mechthild von Magdeburg: Das fließende Licht der Gottheit, Wiesbaden 2010.

mittelalterliche Mystik empfangen hat. Mit an vorderster Stelle ist nochmals der Zisterzienser-Mönch und Ausleger des Hohenliedes, Bernhard von Clairvaux, zu nennen. Man wird jedoch kaum fehl gehen mit der Annahme, dass es die deutschsprachigen Mystikerschriften in besonderer Weise gewesen sind, die Luther schließlich in seiner große Unternehmung der Verdeutschung der Schrift bestärkt haben.

Verweisen lässt sich schließlich auf Luthers Mystik-Definition, die schon anklang, wenn er den Satz prägte: „Die mystische Theologie ist eine auf Erfahrung, nicht auf Lehre bezogene Weisheit [*sapientia experimentalis et non doctrinalis*]."

Insofern ist es mit Blick auf die weitere Entwicklung gerechtfertigt zu sagen, dass die Mystik im Protestantismus bei und mit Luther ihren Anfang nimmt.[20] Darüber ist freilich nicht zu übersehen, dass auch der antimystische Affekt in einer kritischen Phase des reformatorischen Prozesses ebenfalls bei Luther beginnt. Das trifft zu, weil einige seiner frühen Anhänger – an ihrer Spitze der aus dem mainfränkischen Karlstadt stammenden Andreas Bodenstein (genannt Dr. Karlstadt), Thomas Müntzer sowie Sebastian Franck – Missbilligung durch die Wittenberger erfuhren. Martin Luther diffamierte sie als „himmlische Propheten". Damit setzte ein für den Fortgang des Protestantismus durch Luther mitinitiierter Verdrängungsprozess ein. Er hat sich ebenfalls über Jahrhunderte erhalten; er wurde im Zeichen der Aufklärung verstärkt und ist bis heute in Theologie und Kirche spürbar. Doch festzuhalten ist, was ins Zentrum seines geistlichen Lebens als erklärter Schrifttheologe gehört und worin er selbst – wenngleich nur kurze Zeit – mit den

20 Gerhard Wehr, Mystik im Protestantismus, aaO.

als Schwarmgeister" seiner Zeit Gebrandmarkten einig ist: „Christus, der Meister, lehret im Herzen, doch durch das äußerliche Wort seiner Prediger, die es in die Ohren treiben, aber Christus treibts in das Herz."[21]

21 Martin Luther, zit. bei Karl Gerhard Steck, Luther und die Schwärmer, Zollikon-Zürich 1955, 25.

II. Die Texte

Die Luther-Zitate werden der leichteren Lesbarkeit wegen durchgehend in modernisierter Form geboten. Die benutzten Ausgaben sind in der Literaturübersicht angegeben. Benutzt werden folgende Abkürzungen:

WA	D. Martin Luthers Werke. Kritische Gesamtausgabe, Bände 1 – 58, Weimar 1883 ff.
BR	Ders., Briefwechsel, Bd. 1 – 15, Weimar 1930 – 1978.
TR	Ders., Tischreden, Bd. 1 – 6, Weimar 1912 – 1921.
LD	Luther Deutsch. Hrsg. von Kurt Aland, Bd. 1 – 10, Stuttgart 1959 – 1969.
CL	Calwer Luther-Ausgabe, Bd. 1 – 12, Gütersloh 1977 f.
MÜ	Münchener Ausgabe – Martin Luther. Hrsg. von H.H. Borcherdt und G. Merz, München 1963 f.

1. Die „Theologia deutsch"

Kaum ein Dokument der vorreformatorischen deutschsprachigen Mystik hat im Reformationszeitalter so stark gewirkt wie die „Theologia Deutsch". Ihr kann als „Übermittlerin mystischer Vorstellungen eine besondere Bedeutung" (F.W. Wentzlaff-Eggebert) zugesprochen werden. Und der katholische Theologe Josef Bernhart kommt zu dem Schluss: „Die junge Reformation fand in dem Büchlein, was sie brauchte: eine lebendig warme Frömmigkeit, die Theologie trieb, nicht um der Theologie, sondern um der Frömmigkeit willen."[22] *Nun war es Luther selbst, der diesen geistlichen Traktat aus der zweiten Hälfte des 14. Jahrhunderts zum ersten Mal herausgab und 1516 erstmals im Druck erscheinen ließ. Der Zeitpunkt ist bedeutsam. Wenige Jahre zuvor, im Herbst 1512, war er zum Doktor der Heiligen Schrift promoviert worden. An der Universität Wittenberg hat er mit seinen bibeltheologischen Vorlesungen begonnen, in denen er mystische Töne anschlägt, beispielsweise in seiner Auslegung der Psalmen (Dicta super Psalterium). Das in Christus Mensch gewordene Wort Gottes ist es, das ihn in diesen Jahren vor dem sogenannten Thesenanschlag*[23] *in Bewegung hält. Es ist die wörtliche Bedeutung des biblischen Wortes, über die er nachsinnt. Sie war ihm meist wichtiger als eine allegorische Auslegung. Und da wie dort konzentriert er sich immer mehr auf die Frage nach der Barmherzigkeit, nach der Gnade Gottes, die jegliches religiöse menschliche Leistungsstreben, wie es die Kirche seiner Zeit fordert, ad absurdum führt. In der Vorrede seiner richtungweisenden Römerbrief-Vorlesung (1515/16) setzt er seinen Akzent:*

Die Summe dieses Briefes ist: zu zerstören, auszurotten und zu vernichten alle Weisheit und Gerechtigkeit des Fleisches ..., wie sehr sie auch von Herzen und aufrichtigen Sinnes geübt werden mag ... Denn Gott will uns nicht durch

22 Der Frankfurter, Eine Deutsche Theologie. Übertragen und eingeleitet von Joseph Bernhart, München 1946, 120.

23 Bezüglich der Historizität des Thesenanschlags an der Wittenberger Schlosskirche gingen die Meinungen auseinander, weil Luther offensichtlich nicht darauf zu sprechen kam. Allerdings war es üblich, Verlautbarungen dieser Art an der Kirchentüre anzuschlagen. Fest steht immerhin, dass die 95 Thesen am Tag nach Allerheiligen 1517 bekannt wurden, beispielsweise im Brief an Bischof Albrecht von Mainz.

eigene, sondern durch fremde Gerechtigkeit und Weisheit selig machen, durch eine Gerechtigkeit, die nicht aus uns kommt und aus uns wächst, sondern von anderswoher zu uns kommt; die auch nicht unserer Erde entspringt, sondern vom Himmel kommt. (WA 56, 157 f.)

Zum Zeitpunkt der Niederschrift solcher Sätze hat Luther somit bereits den für ihn so entscheidenden Standort gewonnen, von dem aus andere Zeugnisse der Überlieferung beurteilt werden konnten. Das trifft auch auf das schmale Büchlein zu, das dem jungen Theologen ungefähr zur gleichen Zeit in die Hand gekommen sein mag. Es stammt, wie man ihm sagt, von einem ungenannten Frankfurter Ordensmann. Zunächst ein Blick auf das Vorwort der Erstfassung, die Luther damals nur bruchstückweise vorliegt:[24]

Dies Büchlein hat der allmächtige, ewige Gott ausgesprochen durch einen weisen, einsichtigen, wahrhaftigen, gerechten Menschen, seinen Freund, der da vorzeiten ein Deutschherr gewesen ist, ein Priester und Custos in der Deutschherren Haus zu Frankfurt; und es unterweist in mancher köstlichen Lehre göttlicher Wahrheit und besonders, wie und woran man erkennen möge die wahrhaften, gerechten Gottesfreunde und auch die ungerechten, falschen freien Geister, die der heiligen Kirche gar schädlich sind. (ThD, 35)

24 Theologia Deutsch. Eine Grundschrift deutscher Mystik. Herausgegeben. und eingeleitet von Gerhard Wehr, Andechs 1989. Die Edition folgt der kritischen Textausgabe von Wolfgang von Hinten, Der Franckforter. Theologia Deutsch, München 1982. Die Belege in Kurzzitationsform im Text beziehen sich auf diese Ausgabe (ThD mit entsprechender Seitenzahl).

Die klare Abgrenzung der „wahrhaften Gottesfreunde" gegenüber den „falschen freien Geistern" kann dem ersten Herausgeber schon deshalb nicht gleichgültig gewesen sein, weil er einerseits den als Mystiker und als Schüler Meister Eckharts bekannten Dominikaner Johannes Tauler als rechtschaffenen Vertreter der mittelalterlichen Gottesfreunde-Bewegung hoch einstufte. Andererseits musste auch Luther darauf bedacht sein, gegenüber den als „freie Geister" verrufenen Brüdern und Schwestern auf Distanz zu gehen. Wenn er die von ihm erstmals verbreitete Schrift „eine deutsche Theologia" nennt, dann bringt er damit zum Ausdruck, wie hoch er – der spätere Verdeutscher der Bibel – die volkssprachliche Gestalt des Büchleins eingeschätzt hat. Sein positiver Eindruck veranlasst ihn zu der Äußerung, es möchten noch mehr derartiger Schriften entstehen. Es handle sich darum, dass neben der mittelalterlichen, lateinisch artikulierten Schriftgelehrsamkeit eben auch die Muttersprache ihren besonderen Wert habe und haben müsste. Gleichzeitig lässt er die mystische Thematik anklingen, indem er von dem Prozess der Erneuerung des Menschen spricht. Daher sein Votum:

Das ist ein geistlich edles Büchlein von rechter Unterscheidung und Verstand, was der alte und der neue Mensch sei, was Adams und was Gottes Kind sei und wie Adam in uns sterben und Christus auferstehen soll. (WA 1, 153)

Und wenn er gleichzeitig auf das mystische Sterben und das geistliche Auferwecktwerden hinweist, dann nimmt der Reformator vorweg, was er ein Jahrzehnt später in seinem Kleinen Katechismus von 1529 nochmals zum Ausdruck bringt. Auf die Frage, was unter der Wassertaufe zu ver-

stehen sei, antwortet er dort, indem er sich wiederum des ihm seit Langem vertrauten mystischen Vokabulars bedient:

Es bedeutet, dass der alte Adam in uns durch tägliche Reue und Buße soll ersäufet werden und sterben mit allen Sünden und bösen Lüsten; und wiederum täglich herauskomme und auferstehe ein neuer Mensch, der in Gerechtigkeit und Reinigkeit vor Gott ewiglich lebe. (WA 30, 257)

Bedenkt man, dass es gerade solche Katechismus-Texte gewesen sind, die jahrhundertelang als Grundlage des evangelisch-lutherischen Religionsunterrichts gedient haben, und dass beispielsweise Konfirmanden anhand dieser Texte auf den gottesdienstlichen Akt ihrer Aufnahme in die Gemeinde vorbereitet wurden, dann ermisst man etwas von der Bedeutung und der Fernwirkung dessen, was Luther in seiner Anfangszeit aus der Mystik empfangen hat. Es handelt sich eben nicht allein um auswendig zu lernende, sondern um – letztlich von Erwachsenen – meditativ zu vergegenwärtigende Wortlaute. Sie haben mit der spirituellen Reifung eines Christenmenschen zu tun. Gemeint ist ein durch die Taufe sakramental eingeleiteter Werdeprozess. Im Grunde kommt dies bereits in Luthers erster der 95 Thesen zum Ausdruck, in der er eine anhaltende Stetigkeit einfordert:

Wenn unser Herr und Meister Jesus Christus sagt: Tut Buße! so will er, dass das ganze Leben seiner Gläubigen auf Erden eine stete Buße sein soll. (WA 1, 233 – MÜ 1, 31)

Was Luthers Erstausgabe der „Theologia Deutsch" betrifft, so ist ferner anzumerken, dass es sich hier offenbar um eine seiner ersten theologischen Buchveröffentlichungen über-

haupt gehandelt hat. Seine Vorlage umfasste zunächst aber nur die Kapitel 7 bis 26. Ihr schickte er ein kurzes Vorwort voraus, in dem er den bis heute unbekannten Verfasser gemäß dem Jesus-Wort aus Joh 1,47 als einen „wahrhaftigen Israeliten" ausweist. Die kleine Schrift deklariert er gleichzeitig als authentisch, nämlich als „aus dem Grund des Jordans" geschöpft. Er schreibt:

Eingangs ermahnt dies Büchlein alle, die es lesen und verstehen wollen, sonderlich diejenigen von heller Vernunft und von einem reichen Verstande sind, dass sie sich nicht eines voreiligen Urteils befleißigen, denn in etlichen Worten scheint es unbeholfen oder nach der Weise gewöhnlicher Prediger und Lehrer zu reden. Ja, es schwebt nicht oben wie Schaum auf dem Wasser, sondern es ist aus dem Grund des Jordans, von einem wahrhaftigen Israeliten erlesen, welches Namen allein Gott weiß und wen er ihn wissen lassen will. Denn diesmal ist das Büchlein ohne Titel und ohne Namen gefunden worden. Aber nach ungefährer Einschätzung erinnert der Text an den erleuchteten Doktor Tauler vom Predigerorden. – Nun, wie dem auch sei, wahr ist es: Gründliche Lehre der Heiligen Schrift muss die Menschen als Narren erscheinen lassen. Sie mögen zu Narren werden, wie der Apostel Paulus im 1. Korintherbrief Kapitel 1 schreibt: „Wir predigen Christus, den Heiden eine Torheit, aber eine Weisheit Gottes den Heiligen." (WA 1, 153)

Seinem Freund Georg Burckhardt aus Spalt bei Nürnberg, daher Spalatin genannt, schickt er sogleich diesen seinen jüngsten Literaturfund und legt ihm einen Begleitbrief bei. Der ist unter dem 14. Dezember 1516 datiert. In seiner Empfehlung gibt er seinem Erstaunen und seiner Begeisterung

Ausdruck. Es stehe doch eine solide Theologie darin, auch wenn sie nicht in der stolzen lateinischen Gelehrtensprache abgefasst ist. Immerhin bestehe eine gewisse Verwandtschaft mit den mystischen Predigten Johannes Taulers:

Wenn es dich freut, eine reine, gediegene Theologie zu lesen, die noch dazu der alten ähnlich ist, wenn sie auch in deutscher Sprache einhergeht, so kannst du dir die Predigten des Johannes Tauler vom Predigerorden verschaffen. Sieh, was ich dir hier schicke, ist all das, was er sagt – im Vorwort – kurz zusammengefasst.[25]

Zwei Jahre später (1518) und nachdem inzwischen die Verbreitung der spektakulären 95 Thesen erfolgt ist, kann Luther mit einer vollständigeren Edition seiner ihm so bedeutsam gewordenen Schrift aufwarten. Ihr stellt er eine weitere, ausführlichere Vorrede voran. Daran ist bemerkenswert, dass er den anonymen Frankfurter nochmals mit dem Apostel Paulus in Verbindung bringt. Es ist jener Apostel, dessen Römer- und Galaterbrief er in diesen Jahren als seinen wichtigsten Gewährsmann für sich entdeckt hat. Damit ist die hohe Einschätzung der „Theologia Deutsch" von Neuem unterstrichen. Luther geht schließlich so weit, das Büchlein in die Nähe der kanonischen Schriften des Neuen Testaments und die seines Ordenspatrons Sankt Augustinus zu rücken. Diese kräftige Übertreibung nimmt er wohl bewusst in Kauf, um seinem Büchlein aus der langjährigen Verborgenheit herauszuhelfen. Er ist begeistert. Eben daher möchte er, dass noch mehr derartiger volkssprachlich-mystischer Schriften an den Tag kommen. Das

25 Martin Luther, Briefwechsel, Bd. I., Weimar 1930, 79.

ist der Wunsch desselben Martin Luther, dem am Herzen lag, dass das theologisch ungebildete Gemeindeglied Gottes Wort selbst lesen und verstehen könne.

Wenn dieser zweifache Herausgeber des Büchleins sein Vorwort in eine Leseempfehlung einmünden lässt, dann darf an eine Weisung erinnert werden, die einst Johann von Staupitz (1468 – 1524) seinen ihm unterstellten Ordensleuten ins Stammbuch geschrieben hat. Denn so heißt es in einer von ihm formulierten Ordensregel aus dem Jahre 1504, einem Augustinermönch obliege ein „begieriges Lesen, andächtiges Hören und eifriges Erlernen der Heiligen Schrift". Damit ist auch dem von Luther beherzigten protestantischen Schriftprinzip (Sola scriptura – allein die Schrift) für die Zukunft ein Weg gebahnt. Und so liest man in diesem zweiten Vorwort:

Man liest, dass Sankt Paulus, von geringer und verächtlicher Person, doch gewaltige und tapfere Briefe schrieb. Und er selbst rühmte sich, dass seine Rede nicht mit geschmückten und verblümten Worten geziert, doch voller Reichtum aller Kunst der Weisheit erfunden ist ... Das heißt: „Durch den Mund der Unmündigen und Säuglinge hast du [Gott] aufs beste verkündet dein Lob" (Lk 21,16)...

Das sage ich darum, dass ich gewarnt haben will einen jeglichen, der dies Büchlein liest, dass er seinen Schaden nicht verwirkte und sich ärgere an dem schlichten Deutsch oder ungefransten, ungekränzten Worten, wenn das edle Büchlein, als arm und ungeschmückt es ist in Worten und menschlicher Weisheit, also und viel mehr reicher und köstlicher ist es in Kunst und göttlicher Weisheit.

Und dass ich nach meinem alten Narren rühme, ist mir näher der Bibel und Sankt Augustin nicht vorkommen ein

Buch, daraus ich mehr erlernt habe und will, was Gott, Christus, Mensch und alle Dinge seien ... Lese daher dies Büchlein, wer da will, und sage dann, ob die Theologie bei uns [in Wittenberg] neu oder alt sei, denn dieses Buch ist ja nicht neu. Werden aber vielleicht jene wie vormals sagen, wir seien [nur] deutsche Theologen. Das lassen wir also sein. Ich danke Gott, dass ich in deutscher Zunge meinen Gott also höre und finde, als ich und sie mit mir bisher nicht gefunden haben, weder in lateinischer, griechischer noch hebräischer Zunge.

Gebe Gott, dass dieser Büchlein noch mehr an den Tag kommen, so werden wir finden, dass die deutschen Theologen ohne Zweifel die besten Theologen sind. Amen.

Doktor Martinus Luther, Augustiner zu Wittenberg[26]

Schlägt man nun die „Theologia Deutsch" auf, dann wird sogleich deutlich, dass der mittlerweile eingebürgerte Titel auf kein im heutigen Sinn des Wortes „theologisches" Buch hindeutet. Es handelt sich vielmehr um eine Folge von Betrachtungen, die im Geist mystischer Frömmigkeit niedergeschrieben sind. Sie ist bestimmt durch die immer wieder umkreiste Frage: Wie komme ich zu einem vollkommenen Leben? Wie komme ich zu einem Leben in der Gottesgegenwart, zu einem Leben, in dem der „alte Adam" überwunden werden kann? Anders ausgedrückt: Es geht dem namenlosen Verfasser darum, dass der Mensch sein ursprüngliches, aus der Schöpferhand Gottes empfangenes Selbst von Neuem findet. Dieses Selbst ist durch den Fall

26 WA 1, 378 – MA 1, 140 f. – Wenn Luther wiederholt das Deutschsein hervorhebt, dann resultiert dies keinesfalls aus einer angeblichen nationalen Überheblichkeit der apostrophieren „deutschen Theologen". Gemeint sind vielmehr der hohe Wert und die religiöse Unmittelbarkeit dessen, was mit der Muttersprache ausgedrückt wird, in der theologischen Erwägung nicht weniger als im Gebet.

Adams verloren gegangen, zumindest ist es beschädigt. Es bedarf der Reinigung und der Heilung. Was man gemeinhin „Sünde" nennt, das ist letztlich der Ausdruck einer tiefgehenden Selbst-Entfremdung. Luther spricht bisweilen von dem Zustand der „incurvatio", worunter das in sich und auf sein egomanes Wesen Gekrümmtsein des Menschen gemeint ist. Das entspricht einer Gefangenschaft, aus der er sich zu befreien sucht. Es ist die Befreiung, der er nicht gewachsen ist und zu der er der Er-Lösung durch Christus bedarf.

Hinwiederum repräsentiert Christus im Sinne von Röm 5,12 ff den „neuen Adam". Der ist zugleich Inbegriff eines Seins, das durch den Sündenfall zerstört, aber durch Christus neu begründet worden ist. So betrachtet zielt die „Theologia Deutsch" auf eine Verwirklichung des menschlichen Selbst. Darunter ist die Heilung und Wiederherstellung des gefallenen Menschenbildes zu verstehen. Im zweiten Kapitel heißt es hierzu:

Die Schrift spricht und der Glaube und die Wahrheit auch: Sünde sei nichts anderes, als dass sich die Kreatur abkehrt von dem unwandelbaren Gute und kehrt sich zu dem Wandelbaren, das ist: dass sie sich kehret von dem Vollkommenen zu dem Geteilten, Unvollkommenen und allermeist zu sich selber.

Nun merke: Wenn sich die Kreatur etwas Gutes beimisst, es sei Sein, Leben, Wissen, Erkennen, Vermögen, kurz: all das, was man gut nennen mag, und meint, dass sie sei oder dass es das Ihre sei oder ihr gehöre – so oft und viel das geschieht, kehrt sie sich ab. (ThD, 40)

Auch wenn der stark ichbezogene, der heilsbedürftige Mensch zunächst in illusionärer Weise übergeschätzt wird, so wird ihm gleichzeitig ein hoher Wert zuerkannt. Dieser Wert liegt in der Gottbezogenheit des gottebenbildlichen Menschen. Das heißt: Nicht nur der Mensch braucht die Hilfe Gottes; auch Gott bedarf dieses Menschen! In diesem Zusammenhang kommt es geradezu auf die Vergottung des Menschen an. Davon handelt das 3. Kapitel:

Ich vermag es nicht ohne Gott, und Gott soll oder will es nicht ohne mich. Denn soll es geschehen, so muss Gott auch in mir vermenschlicht werden, [und zwar] so, dass Gott an sich nehme alles das, was in mir ist, von innen wie von außen, dass nichts in mir sei, das Gott widerstrebe oder seine Werke hindere. Wenn Gott alle Menschen an sich nähme, die da sind und die je waren, und [wenn er] in ihnen vermenschlicht würde und sie in ihm vergottet, und geschähe es nicht auch an mir, so würden mein Fall und mein Abkehren niemals gebessert, es geschähe denn auch *in mir*. (ThD, 42)

Wenn später Luther auf das autonome Wirken Gottes pocht, das nicht durch ein menschliches Zutun zu erfolgen habe, dann findet sich dieser Gedanke bereits in seiner „Deutschen Theologie“. Denn die appelliert nicht an eine unter religiösem Leistungszwang stehende menschliche Aktivität, sondern sie ermutigt zur mystischen Gelassenheit, wie sie von Meister Eckhart und seinen Schülern bekannt geworden ist. Gemeint ist ein Stillehalten, ein Gott-Erleiden. Das ruft zu einer passiv gehaltenen kontemplativen Verfasstheit (vita passiva) auf.

Und zu dieser Wiederherstellung und Besserung kann und mag und soll ich nichts dazutun als ein bloßes, lauteres Erleiden, also dass Gott allein alle Dinge in mir tue und wirke. Und ich erleide ihn und alle seine Werke und seinen göttlichen Willen. – Aber wenn ich das nicht erleiden will, sondern mich besitze mit Eigenschaft (oder Eigenwillen), nämlich mein Mein und Ich, Mir, Mich und desgleichen, so hindert das Gott, dass er nicht lauter, allein und ohne alle Hindernis in mir sein Werk wirken kann. So bleiben darum auch mein Fall und mein Abkehren ungebessert. Sieh, so tut alles mein Annehmen [d.h. meine Ich-Bezogenheit]. (ThD, 42)

Im 54. Kapitel zieht der ungenannte Frankfurter eine Summe, die darin besteht, in dem Prozess einer Wesenswandlung zu einer neuen Lebenseinstellung zu gelangen:

Dass wir uns selbst also verleugnen und aufgeben und alle Dinge durch Gott lassen und [auch] unseren eigenen Willen also können aufgeben und ihm ersterben und allein Gott und seinem Willen leben, das helfe uns der, der seinen Willen seinem himmlischen Vater gegeben hat, der da lebt und herrscht mit Gott dem Vater, in Einigkeit des Heiligen Geistes, in vollkommener Dreifaltigkeit ewiglich Amen. (ThD, 185 – 186)

2. Das Vaterunser geistlich beten

In der Fastenzeit des für den Einstieg in die Reformation so entscheidenden Jahres 1517 wendet sich Luther mit fortlaufenden Auslegungen des Vaterunsers an seine Wittenberger Hörergemeinde. Er will „einfältigen", also theologisch ungebildeten Laien eine Einführung in das Gebet des Herrn geben. Im Laufe seines Lebens hat er es Tag für Tag gebetet. Das ist von Augen- und Ohrenzeugen verbürgt! In Wort und Schrift hat er das Herrengebet auch deutend behandelt. Man denke nur an seine beiden Katechismen, in denen er diesem „Hauptstück“ entsprechende Erläuterungen gewidmet hat. Auch auf manche individuelle seelsorgerliche Hilfe für den betenden Umgang ließe sich hinweisen.

Wenn er aus gegebenem Anlass zunächst seinem Schüler Johann Schneider – genannt: Agricola – widerspricht, als dieser Nachschriften seiner Auslegungen anfertigte und unter die Leute bringt, so stimmt er wenige Jahre später (1519) nicht nur einer Veröffentlichung zu, sondern ergreift hierzu selbst die Initiative. Sein Text „Auslegung deutsch des Vaterunsers für die einfältigen Laien“ findet denn auch starke Beachtung. Zu Wort kommt darin der Betende, der sich der Doppelgestalt des Vaterunsers bewusst ist. Denn es kann vom Einzelnen in der Stille seiner Kammer und auch in der Gemeinschaft mit vielen gebetet werden. Wichtig ist ihm der regelmäßige und täglich zu übende Vollzug.

In seiner Vorrede geht er darauf ein, wie beide Gebetsweisen aufeinander zu beziehen seien, die äußere, leibhafte und die innerlich-geistliche, wie sie einer mystischen Grundhaltung entspricht. Da bedarf es nicht vieler Worte, wohl aber einer Intensivierung dessen, was die wenigen Worte in ihrer, dem himmlischen Vater gegenüber geübten schlichten Vertraulichkeit ausdrücken:

„Vater unser, der du bist im Himmel, geheiligt werde dein Name“.

Die Weise ist, dass man wenig Worte mache, aber viele und tiefe Meinungen oder Sinnen [habe]. Je weniger Worte, je besser Gebet; je mehr Worte, je ärger Gebet. Wenig Worte und viele Meinung ist christlich, viele Worte und wenig Meinung ist heidnisch. Darum spricht er: „Ihr sollt nicht viel reden, wenn ihr betet, wie die Heiden.“ Desgleichen Joh 4,24 zu der heidnischen Frau [am Jakobsbrunnen] sprach er:

„Wer Gott will anbeten, der muss in dem Geist und in der Wahrheit anbeten.“ Denn solche Anbeter suchet der Vater.

Nun, „in dem Geist beten“ oder „geistlich“ beten ist gegenüber dem leiblichen Gebet also genannt, und beten in der Wahrheit gegenüber dem Gebet in dem Scheine genannt; denn das Gebet „im Schein“ und „leiblich“ ist das äußerliche Murmeln und Plappern mit dem Munde, ohne alle Beachtung. Denn das scheinet vor den Leuten und geschieht mit dem leiblichen Munde, und nicht wahrhaftig. Aber das geistliche und wahrhaftige Gebet ist das innerliche Begehren, Seufzen und Verlangen aus des Herzens Grund. Das erste macht Heuchler und falsche Geister. Das andere macht Heilige und furchtsame [gottesfürchtige] Kinder Gottes. Doch ist hier zu merken ein Unterschied, denn das äußerliche Gebet geschieht in dreierlei Weise … (MÜ 1, 296 f.)

Für Luther stellt gemäß biblischer Tradition das Herz den Ort und das Organ dar, wo oder mit dem sich dieses Innewerden ereignet, das ihm so wichtig ist. Deshalb betont Luther hier, das Vaterunser solle wie jedes Gebet aus des Herzen Grund aufsteigen. Es möge ein herzliches Sehnen sein, das jeden Betenden erfüllt. Sagt doch die Schrift: „Der Mensch sieht, was vor Augen ist; Gott aber sieht das Herz an.“ Wer dagegen nach kirchlichem Brauch nur die „Paternosterkörner“, das heißt die Perlen des Rosenkranzes, zählt und sie geräuschvoll durch die Hand gleiten lässt, dessen Herz ist weit entfernt von dem, den er anzureden vorgibt. Es geht dabei um Erhebung, um ein Emporblicken, das nach dem sucht, das „drinnen“ wie „droben“ ist.

Wer also [recht] betet, der steht mit einem richtigen, aufgehobenen Herzen zu Gott und geschickt zu bitten und zu bewegen Gottes Gnade. Und ist dies ein hohes Wort, dass nicht möglich ist, es aus des Menschen Natur zu reden, es sei denn der Geist Christi im Herzen. (MÜ 1, 299)

Also beschließen alle Lehrer der Schrift, dass das Wesen und die Natur des Gebets sei nichts anderes denn eine Erhebung des Gemüts oder des Herzens zu Gott. Ist aber die Natur und Art des Gebets des Herzen Erhebung, so folget daraus, dass alles andere, was nicht des Herzen Erhebung ist, auch nicht Gebet ist. (MÜ 1, 330)

Diese hohe Einschätzung des innerlichen Vollzugs bedarf aber auch einer Absicherung gegen Illusion und Selbsttäuschung. Nicht jeder, der sich auf seine mystisch-meditative Haltung etwas zugute halten möchte, bringt die hierfür erforderlichen Voraussetzungen mit. Denn jeder im spirituellen Leben, in Gebet und Meditation Erfahrene weiß, wie rasch und unversehens sich irritierende Gedankenbilder, Vorstellungen, Ängste und Hoffnungen einstellen. Schlagartig wird die konzentrierte Sammlung zunichte gemacht. Daher Luthers Mahnung zu Nüchternheit und Wachsamkeit. Eine weitere Gefahr stellt eine Selbstüberschätzung dar. Man sollte sich klar machen, was einem im meditativen Leben von Fall zu Fall möglich und angemessen ist. Alles andere ist für Luther eine verkappte „Werkerei“, d.h. ein Beten, das als ein frommes Werk mit Aussicht auf „Erfolg“ vollzogen wird. Auch das Herz kann Täuschungen anheimfallen. Im Übrigen hält er es hin und wieder für geboten, zur Übung des mündlichen also des lauten Gebets zurückzukehren.

Ja, es soll niemand sich auf sein Herz verlassen, dass er ohne Worte wollte beten, er sei denn wohl geübt im Geist und habe Erfahrung, die fremden Gedanken auszuschlagen [zurückzuhalten und auszulöschen]. Sonst wird ihn der Teufel gar und ganz verführen und sein Gebet im Herzen bald zerstören. Darum soll man sich an die Worte halten und an denselben aufsteigen, solange einem die Federn [noch] wachsen, dass man fliegen kann – ohne Worte. Denn das mündliche Gebet oder die Worte verwerf ich nicht; sie soll auch niemand verwerfen, ja, mit großem Dank annehmen als besondere, große Gottesgaben. (MÜ 1, 301)

Man lasse sich schließlich nicht verführen, wenn man meint, bei sich „ein Fünklein" besonderer Empfindung oder Andacht wahrgenommen zu haben, als handle es sich um eine religiöse Eigenleistung, die wiederum eine Art Selbstgenügsamkeit hervorruft, als habe man Besonderes auf dem spirituellen Weg erreicht, selbst und gerade, wenn die geistliche Übung von einem Wohlgefühl einer Selbstgenugtuung begleitet sein sollte. Daher:

Allein Gottes Wort und Verheißung macht dein Gebet gut, nicht deine Andacht. Denn derselbe Glaube, auf seine Worte gegründet, ist auch die rechte Andacht, ohne welche alle andere Andacht (oder andächtige Gestimmtheit) lauter Trügerei und Irrtum ist. (MÜ 1, 345 f.)

3. Zu den 95 Thesen

Zwischen der ersten und zweiten Ausgabe der „Theologia Deutsch“ (1516 bzw. 1518) kam es zur Veröffentlichung der spektakulären 95 Thesen, geschehen am Tag vor Allerheiligen, dem 31. Oktober 1517. Durch sie und durch die in diesem Zusammenhang erfolgten Ereignisse wurde die Wittenberger Reformation eingeleitet. Luther ging es in diesen Thesen vor allem darum, die Frage der kirchlich verordneten Ablässe einer kritischen Überprüfung zu unterziehen und den in Deutschland gerade auf hohen Touren laufenden Ablasshandel zumindest im Bereich der Zuständigkeit seines Landesherrn und Bischofs zu unterbinden. Diese Kritik war für ihn durchaus eine vorwiegend theologische und kirchenpolitische Angelegenheit. Deshalb waren die ursprünglich lateinisch abgefassten Thesen an die Theologen gerichtet. Das allgemeine Interesse erwies sich jedoch als so groß, dass der ursprüngliche Wortlaut alsbald ins Deutsche übertragen wurde und an mehreren Orten im Druck erschien. Das beförderte die öffentliche Diskussion ungemein. Das darin enthaltene Programm stützt sich auf den Wortlaut der ersten These von der lebenslangen „Buße“. Zu verstehen ist sie als der anhaltende Prozess eines fortschreitenden Neuwerdens:

Wenn unser Herr und Meister Jesus Christus sagt: tut Buße! – so will er, dass das ganze Leben der Gläubigen eine stete Buße sein soll. (WA 1, 233 – MÜ 1,31)

Bezeichnend ist nun, wie sich Martin Luther um eine spirituelle Grundlegung seiner Erklärungen (resolutiones) bemüht. Zwei Gesichtspunkte sind ihm hierbei wichtig, weil er in Christus einen „Lehrer des Geistes" erblickt, der nicht allein über das herkömmliche Buchstabenwissen hinausführt, sondern gleichzeitig zu einer geistig-geistlichen Umkehr (metánoia) aufruft.

Erstens nach dem griechischen Wort selbst: *metanoeíte,* das heißt: Tut Buße!, was in dem allerstrengsten Sinne übersetzt werden kann mit *transmentamini,* das heißt: Zieht einen andern Geist und Sinn an, werdet klug, geht von eurem bisherigen Sinn ab und nehmt eine andere Gestalt des Geistes an, damit ihr nämlich nunmehr himmlisch gesinnt seid, die ihr bisher irdisch gesinnt waret, was der Apostel Röm 12, 2 nennt: „Verändert euch durch die Erneuerung eures Sinnes!"…

Deshalb beweise ich eben diesen Satz zweitens auch mit einem vernünftigen Grund. Weil Christus ein Lehrer des Geistes ist und nicht des Buchstabens und weil seine Worte Geist und Leben sind, so folgt daraus notwendig, dass er eine solche Buße lehrt, die im Geist und in der Wahrheit geschieht, nicht aber eine solche, die äußerlich auch die hochmütigsten Heuchler leisten können, die [etwa] beim Fasten ihr Gesicht verstellen, an den Ecken der Gassen beten und vor sich her ausposaunen lassen, wenn sie Almosen geben … Drittens beten wir und müssen beten mit unserm ganzen Leben: „Vergib uns unsere Schuld." (MÜ 1, 143 f.)

Wichtig ist Luther, dass der so gesinnte Mensch am Christusmysterium teilhabe. Wenn nun die christliche Mystik seit alters das Hohelied Salomos allegorisch ausgelegt hat, um damit die mystische Dimension der innigen freudeerfüllten Verbundenheit zwischen Braut und Bräutigam in Bildern glühender Erotik und der Heiligen Hochzeit[27] *zur Sprache zu bringen, dann ist es bezeichnend, dass Luther im anschließenden Wortlaut seiner Resolutionen zur 37. These ein Wort eben jenes Hohenliedes mit der neutestamentlichen Botschaft zusammenfügt, nämlich dort, wo von dem Christus-Mysterium (Eph 5,32) die Rede ist.*

Im Hohenlied heißt es: „Mein Freund ist mein und ich bin sein"; weil durch den Glauben an Christus der Christ ein Leib wird mit Christus. Denn „es werden die zwei *ein* Fleisch sein. Das Geheimnis (*mysterion*) ist groß; ich sage aber von Christus und der Gemeinde"... (MÜ 1, 241)

Die mystische Verbundenheit besagt nach Luthers Überzeugung, dass es ganz unmöglich ist, ein Christ zu sein, ohne – wie er sich ausdrückt – den Christus auf diese Weise zu „haben". Und daraus resultiert gemäß der 37. These wiederum, dass „ein jeder wahrhaftiger Christ ... ist teilhaftig aller geistlichen Güter Christi und der Kirche ... auch ohne Ablassbriefe." Luther erblickt darin nicht nur ein statisch aufzufassendes Sein. Vielmehr ist ihm die dynamische „wohltätige Wechselbeziehung" zwischen Gott und Mensch unverzichtbar. Sie konstelliert eine „liebliche Gemeinschaft" und macht den Menschen unmittelbar zu Gott. Denn diese Gemeinschaft empfängt das Heil „von Gott allein", also letztlich ohne vom Menschen konstruierte Hilfsmittel, wie es in jenen Tagen das fragwürdige, von der römischen Kirchenleitung gutgeheißene Ablassgeschäft darstellt. (MÜ 1, 242) Insofern stellt diese Gottunmittelbarkeit

27 Gerhard Wehr, Heilige Hochzeit. Symbol und Erfahrung menschlicher Reifung. 3. Aufl. Edition Pleroma, Frankfurt 2008.

des Christen auf eigene Füße. Das hat Luther und damit den Protestanten den Vorwurf eingebracht, sie relativierten die Kirche als Heilsanstalt, indem sie einen spirituellen Individualismus begünstigen würden. Insofern trägt auch die christliche Mystik anarchische Züge. Das musste Luther spätestens in dem Moment als problematisch empfinden, als selbst einige seiner engeren Gefolgsleute dieses Moment des Spirituellen in die Mitte ihrer reformatorischen Aktivitäten stellten. Das zeigte sich in Luthers Auseinandersetzung mit den als Schwärmer verschrieenen sogenannten Spiritualisten. Von ihnen ist noch gesondert zu sprechen.

Da nun so der Geist Christi in den Christen ist, durch den sie Christi Brüder, Miterben, ein Leib mit ihm und seine Brüder werden, wie sollte da nicht eine Gemeinschaft aller Güter Christi bestehen? Denn auch Christus hat von demselben Geist all das Seinige. Also geschieht es durch den unschätzbaren Reichtum der Barmherzigkeit Gottes des Vaters, dass sich ein Christ rühmen und mit Zuversicht alles in Christo sich aneignen kann, nämlich, dass Christi Gerechtigkeit, Kraft, Geduld, Demut und alle seine Verdienste auch sein Eigen sind vermöge der Einheit des Geistes im Glauben an ihn … (MÜ 1, 241)

Aber nicht nur eine „wohltätige Wechselwirkung" hat Luther zu bezeugen. Einmal kommt er auf ein Erlebnis zu sprechen, das ihn – ähnlich wie den Apostel Paulus (2 Kor 12) – aus dem Tagesbewusstsein blitzartig herausgerissen (raptus) haben muss. Im Gegensatz zum Apostel handelte es sich beim jungen Luther aber nicht um ein seliges Erhobensein in die oberen Sphären des Himmels. Er hatte vielmehr Qualen der Gottesfinsternis durchzustehen, nämlich die Konfronta-

tion mit dem Furcht und Zittern erzeugenden Dunkelaspekt der Gottheit. Von dieser erschütternden Innenerfahrung her sind letztlich auch seine frühen Meditationen des Leidens Christi[28] *zu verstehen, ebenso seine Kreuzestheologie. Es ist der Autor selbst, wenn er von „einem Menschen" spricht, wiewohl es sich wie bei jeder tiefen mystischen Ergriffenheit um Unsagbares und Unbeschreibliches handelt. Es muss genügen, das Faktum als solches zu benennen:*

Auch ich kenne einen Menschen, der versichert hat, er habe diese Strafen öfters erlitten. Sie hätten zwar nur sehr kurze Zeit gedauert, sie wären aber so schwer und so höllisch gewesen, dass ihre Gewalt keine Zunge aussprechen, keine Feder beschreiben kann, noch jemand, der es nicht erfahren, glauben könne; sodass, wenn sie ihren höchsten Grad erreichen oder eine halbe Stunde, ja nur den zehnten Teil einer Stunde anhalten würden, so müsste er gänzlich zugrunde gehen, und alle seine Gebeine würden in Asche verwandelt werden. Hier erscheint Gott schrecklich zornig und mit ihm zugleich die gesamte Schöpfung ... In solchem Augenblick kann die Seele nicht glauben, dass sie jemals erlöst werden könne ... Es bleibt ihr nur das bloße Verlangen nach Hilfe und ein erschütterndes Seufzen übrig. Aber sie weiß nicht, woher sie Hilfe nehmen soll. Hier ist die Seele am Kreuz mit Christus weit ausgespannt. (MÜ 1, 185)

Es ist die Kreuzesmystik des Apostels Paulus, auf die hier angespielt ist, wenn dieser im Galaterbrief Kap 2,19 f. von sich selbst bezeugt, „mit Christus gekreuzigt" zu sein und

---

28 Martin Luther, Sermon von der Betrachtung des heiligen Leidens Christi, WA 2, 727 ff. – MÜ 1, 370 ff.

– was schließlich das Entscheidende ist – in diesem Christus zu leben. In diesem mystischen Mit-Christus-Sterben und diesem Christus-Leben gründet der Glaube, in dem auch Martin Luther sein Christsein verankert sieht.

Mit dem Mysterium, das die Licht- wie die Dunkelseite Gottes umschließt, den offenbaren und den bis zur Unkenntlichkeit fremden Gott (Deus absconditus), hat Luther lebenslang gerungen, und sei es in Gestalt der Schwermut, die ihn bisweilen heimgesucht hat. Deshalb trat er der Verharmlosung des „Ganz-Anderen", das heißt des verborgenen Gottes, und der Verflachung der Gnade Gottes temperamentvoll entgegen. So geschehen in seiner Antwort auf des Erasmus von Rotterdam Text (De libero arbitrio – vom freien Willen) mit seiner eigenen Schrift „Vom geknechteten Willen" (De servo arbitrio). Dadurch sah Luther freilich die Kraft der Gnade nicht gemindert, weil das im Glauben ergriffene Leben bereits als „Anfang des zukünftigen Lebens" anzusehen sei.

Wenn also das Licht des Evangeliums, das allein im Wort und im Glauben kräftig ist, so Großes zuwege bringt und geschlichtet werden kann, was meinst du, wird wohl dann sein, wenn das Licht des Wortes und des Glaubens zurücktritt und die Sache selbst und die göttliche Majestät durch sich selbst wird offenbar? Oder glaubst du nicht, dass dann das Licht der Herrlichkeit die Frage, welche im Licht des Wortes oder der Gnade unlösbar ist, gar sehr leicht lösen kann, da das Licht der Gnade die im Licht der Natur unlösbare Frage so leicht gelöst hat? (*De servo arbitrio*, MÜ Ergänz. I, 245 f.)

4. Meditation des Leidens Christi zur Selbsterkenntnis

Tod und Sterben ist eines der zentralen Themen des mittelalterlichen Menschen. Sein Leben ist in vielfältiger Weise gefährdet, angefangen bei der großen Kindersterblichkeit über die mannigfachen Bedrohungen durch unheilbare Krankheiten und Seuchen, durch die immer wieder aufflackernde Pest, die auch Luthers Glaubensstärke herausgefordert hat, wenn sich der Leichengeruch gelegentlich in Wittenberg bemerkbar machte. Hinzu traten die kriegerischen Auseinandersetzungen und gewaltsamen Streitigkeiten, denen die Menschen schutzlos ausgesetzt waren. Nicht zu vergessen die zeitgenössische Gerichtsbarkeit, die dem Amt des Henkers reichlich zu tun gab …

Groß sind daher Furcht und Angst vor einem „bösen schnellen Tod", insbesondere wenn die Menschen ohne Lebensbeichte und Vergebung vor ihren Gott und Weltenrichter zu treten hatten. Und jenes schaurige Weltgericht ist bis heute über den Portalen vieler alter Kirchen mit drastischen Szenen abgebildet. Damit waren die Gottesdienstbesucher von einst in vielfältiger Weise konfrontiert. Durch „groß' Macht und viel List" ist die Sache des Evangeliums als solche gefährdet, wie es im Luther-Lied von der „festen Burg" heißt, nämlich durch den „alt-bösen Feind", den Teufel. Oder um es mit Worten aus Luthers mahnenden Invocavit-Predigten von 1522 auszudrücken:

Wir sind allesamt zu Tode gefordert, und keiner wird für den andern sterben, sondern jeder in eigener Person für sich mit dem Tod kämpfen. Ich werde dann nicht bei dir sein noch du bei mir. Hierin muss jedermann die Hauptstücke, die einen Christen angehen, genau wissen und gerüstet sein.[29]

Mit diesen aufrüttelnden Sätzen begann der von seinem mehrmonatigen Wartburgaufenthalt zurückkehrende Prediger. Und im Lied sang er mit der Gemeinde:

Mitten wir im Leben sind / mit dem Tod umfangen. / Wen such'n wir, der Hilfe tu, / dass wir Gnad erlangen? Das bist du, Herr, alleine.

Mit einem allgemeinen „Memento mori, bedenke, dass du sterben musst!" gab sich die Christenheit zu keiner Zeit zufrieden. Gefragt war eine „ars moriendi", eine geistliche Gebrauchsanweisung für die „Kunst des Sterbens", wobei kein anderer als der „Herr alleine", als der Helfer in Todesnot infrage kam. Prediger wie Geiler von Kayserberg und die zahllosen Künstler der Christus-Passion stellten dem nachsinnenden und innerlich teilhabenden Betrachter das Bild des Gekreuzigten in sinnenfälliger Weise vor Augen. Das gab aufrüttelnden Stoff zur meditativen Selbstkonfrontation!

Wieder waren es Mystiker, auch solche vom Rang eines Bernhard von Clairvaux, die spezielle Ratschläge gaben, wie man Christi Passion in ihren einzelnen Phasen betrachten und sich mitfühlend in sein Leiden versenken konnte. Wieder diente selbst das Hohelied dazu, die enge Christus-Verbundenheit im Leiden und Tod nicht nur vor Augen zu haben, sondern ihn, Christus als den Geliebten der Men-

29 Luthers Predigt am Sonntag Invocavit, im März 1522 (WA 10, 3, 1 ff;), in: Ausgewählte Werke, hrsg. von Karin Bornkamm und Gerhard Ebeling, Frankfurt 1982, Bd. I, 271.

schenseele, fest an sich zu drücken, etwa mit dem erotischen Bild: „Ein Büschel Myrrhe ist mir mein Geliebter; er ruht zwischen meinen Brüsten" (Hld 1,12).[30] *Die Myrrhe war für Bernhard die Bezeichnung des Bitteren und aller Drangsal, bis hin zu den Martern des Todes. Im Sinne seiner Deutung gelte es schließlich, diesen Myrrhe-Büschel der Anteilnahme tief ins Herz einzupflanzen, damit er dort einen tragenden Wurzelgrund finde.*[31]

Im Frühjahr 1519 waren es vor allem zwei Schriften (Sermones), in denen sich Luther mit dieser existenziellen Frage beschäftigte, nämlich in seinem „Sermon von der Bereitung zum Sterben" und im „Sermon von der Betrachtung des heiligen Leidens Christi". Beide alsbald veröffentlichten meditativen Texte gehörten zu jenen Arbeiten, die nach und nach in mehreren Auflagen an verschiedenen Orten nachgedruckt wurden. Damit ist der große Trostbedarf unterstrichen.

Luther hätte auf eine reiche Literatur dieser Art verweisen können. Doch er griff selbst zur Feder. Ehe er auf die von ihm empfohlene „rechte Weise" der Betrachtung zu sprechen kommt, geht er kurz auf jene ein, die wortreiche, aber seiner Meinung nach nicht immer hilfreiche Anweisungen gegeben hatten. Selbst ein abergläubisch geartetes Sicherungsbedürfnis hatte sich im Laufe der Zeit als kirchliches Brauchtum ausgebildet. Viele hofften, dass schon das bloße Anschauen und der Umgang mit verschiedenen Motiven der Passion Christi als eine Art von Abwehrzauber benutzt

30 Bernhard von Clairvaux, 43. Predigt über das Hohelied, in: Bernardin Schellenberger (Hrsg.), Bernhard von Clairvaux. Gotteserfahrung und Weg in die Welt, Olten 1982, 153 ff.

31 In Paul Gerhardts klassischem Passionslied „O Haupt voll Blut und Wunden" und in J.S. Bachs Vertonung der Matthäus-Passion hat die Kreuzesmystik Martin Luthers eine anrührende Vergegenwärtigung erfahren!

werden könnten. Dem musste Luther energisch widersprechen. Das Leiden Christi durfte nicht zu heilsegoistischen Zwecken missbraucht werden.

Etliche denken über das Leiden Christi so, dass sie über die Juden zornig werden, das Lied vom „armen Judas" singen [„O du armer Judas, was hast du getan"] und ihn verurteilen und es damit genug sein lassen. Sie handeln so nach ihrer Gewohnheit, sich über andere Leute zu beklagen und ihre Gegner zu verdammen und zu beschimpfen. Dies möchte wohl nicht heißen, Christi Leiden, sondern des Judas und der Juden Bosheit bedenken.[32] (WA 2, 136)

Mit einem Wort: Luther distanziert sich von allerlei seit Langem üblichen Gebräuchen, sich durch äußerliche Vorstellungen und Praktiken mit dem Schicksal des Schmerzensmannes emotional zu beschäftigen, als handle es sich um Formen frommer Leistungen, die den Betreffenden Genugtuung verschaffen sollten. – Aber es gibt auch andere Weisen eines geistlichen Umgangs in meditativen Formen. Bisweilen nennt Luther hierfür seine Gewährsleute, unter ihnen ist der erwähnte, ihm innerlich nahestehende Bernhard. Es geht ihm darum, ausgehend von den biblischen Passionsschildungen und zeitgenössischen künstlerischen Darstellungen immer tiefer in das Christus-Mysterium einzudringen, damit das Herz angerührt und das Gemüt ergriffen werde. Was auf diese Weise „eingeprägt" werden soll, was „recht

32 Zum fraglichen Zeitpunkt vermied es Luther, die Juden als Feinde Christi besonders anzuprangern oder gar in übler Weise zu beschimpfen, wie er dies in seiner Spätschrift „Von den Juden und ihren Lügen" (1543) tat. Doch einstweilen sah er noch eine Chance, dass sie sich zum Christentum bekehren und taufen ließen. Diese irrtümliche Hoffnung veranlasste ihn zunächst zur Schonung.

tief zu bedenken" ist, was nach Art der mittelalterlichen Meister der geistlichen Übung[33] *in die Meditation hineingenommen werden möge, ist ihm wichtig. Dem entspricht die von Luther wiederholte Verwendung der Metapher der „Tiefe", weil alles Streben in die Höhe, und handle es sich um das sublimste geistliche Bemühen, durch den menschlichen Egoismus, der einen spirituell kaschierten Genuss „herausholen" möchte, bedroht ist. In seiner noch zu besprechenden Magnificat-Auslegung wird Luther die in ihrer „Niedrigkeit" tief unten stehende Jungfrau Maria hervorheben. Gemäß dem Text aus dem Lukasevangelium geht es in der Tat um eine Umwertung bisher gültiger Werte. Erst von dieser Ebene aus sei die Passion des Herrn in gültiger Weise zu betrachten.*

Diejenigen bedenken das Leiden Christi recht, die es so anschauen, dass sie im Herzen davor erschrecken und ihr Gewissen alsbald in ein Verzagen versinkt. Das Erschrecken muss daraus kommen, dass du siehst, wie streng sich der Zorn und wie unerschütterlich sich der Ernst Gottes gegen die Sünde und den Sünder richtet, dass er nicht einmal seinem einzigen allerliebsten Sohn die Sünder losgeben wolle, er täte denn für sie eine solche schwere Buße, wie er es durch Jesaja 53,5 spricht: „Um der Sünde meines Volkes willen habe ich ihn geschlagen." Was soll den Sündern widerfahren, wenn das liebste Kind so geschlagen wird? Es muss ein unaussprechlicher, nicht zu ertragender Ernst da sein, dem so eine große, nicht auszumessende Person sich

33 Zu denken ist beispielsweise an „Das Leben Jesu Christi" (Vita Jesu Christi) des Ludolf von Sachsen oder an die „Nachfolge Christi" (De imitatione Christi), die mit Thomas a Kempis in Verbindung gebracht wird.

aussetzt und dafür leidet und stirbt. Und wenn du recht tief bedenkst, dass Gottes Sohn, die ewige Weisheit des Vaters, selbst leidet, so wirst du wohl erschrecken und je mehr, je tiefer du das bedenkst. (WA 2, 137)

Luther, der normalerweise der wörtlichen Bedeutung eines Bibelabschnitts den Vorzug gibt, sucht gelegentlich auch allegorisch, beispielhaft die Bedeutsamkeit der Christus-Passion lebendig werden zu lassen[34], *wenn er schreibt:*

Tief musst du es dir einprägen und gar nicht daran zweifeln, dass *du* es bist, der Christus auf diese Weise martert. Denn *deine* Sünden haben es gewiss getan ... Darum wenn du die Nägel Christi siehst durch seine Hände dringen, glaube sicher, dass es *deine* Taten sind. Siehst du seine Dornenkrone, so glaube, es sind *deine* bösen Gedanken ...

Ein solches Erschrecken erlebt der heilige Bernhard, wovon er sagt: „Ich meinte, ich wäre sicher, und wusste nicht von dem ewigen Urteil, das im Himmel über mich ergangen war, bis ich sah, dass der einzig Gottessohn sich meiner erbarmt, hervortritt und dieses Urteil auf sich nimmt ..." – Christus sagt nicht, sie sollen ihn beklagen, sondern: Sie sollen sich im Blick auf ihn *über sich* beklagen. (WA 2, 137)

Mit dieser Wendung nach innen und mit dieser Selbstkonfrontation verbindet Luther den Gedanken der Übung, der sich jeder Christ hingeben sollte. „Exercitia spiritualia" nennt die Tradition vor und nach dem Reformator diese Aufgabe. Ziel des geistlichen Übungsweges ist wieder und

---

34 Aus Texten wie diesen wird auch etwas von der inzwischen eingetretenen großen inneren Distanz zu Luthers auf die Passion Christi bezogener Sichtweise deutlich.

wieder das Gleichförmigwerden (conformitas) mit Christus. Damit stellt sich Luther in die Reihe der Mystiker und Mystikerinnen, wenn er auf „tiefes Nachdenken" besteht, die beides in eins zusammenfasst: Selbsterkenntnis und Gotteserkenntnis. Und auch wenn Luther sich an den zur Selbstbesinnung bereiten Menschen wendet, so ist ihm doch stets klar, dass es bei der konzentrierten Teilnahme am Mysterium letztlich doch nicht am menschlichen Erinnern und Tun liegt, sondern dass Gott selbst das Gelingen dazu schenken muss. Das entspricht einer Befreiung vom Leistungsstreben und dem daraus sich ergebenden „frommen" Stress.

Damit ist an die für die Reformation so wichtige Feststellung aus dem paulinischen Römerbrief angeknüpft, wo es für Luther stets darum gehen muss, „ohne des Gesetzes Werke" und „allein aus Glauben", schließlich „allein aus Gnaden" der Befreiung teilhaft zu werden. Darauf gründet denn auch sein Ratschlag, in dem jene Grundbegriffe des meditativen „Bedenkens", des „gleichförmig Werdens", des „Achthabens" und des „zu Herzen Nehmens" dominieren.

In diesem Punkt muss man sich gar wohl üben; denn der Nutzen des Leidens Christi liegt in hohem Maß daran, dass der Mensch zur Erkenntnis seiner selbst kommt, vor sich selbst erschrickt und zerschlagen wird. Und wo der Mensch nicht dahin kommt, ist ihm das Leiden noch nicht recht nützlich. Die ihm eigene natürliche Wirkung des Leidens Christi ist nämlich, dass es den Menschen Christus gleichförmig (*conformare*) macht, sodass, wie Christus an Leib und Seele jämmerlich unter der Last unserer Sünden gemartert wird, wir ihm nachfolgend im Gewissen von unseren Sünden geplagt werden müssen … (WA 2, 138)

Es entspricht dem Ansatz Luthers, dass er auch dort, wo er zum Tun und zur Übung aufruft, das Motiv des Nicht-Tuns und des gelassenen Freibleibens von jedem Ego-betonten „immer strebendem Bemühen“ beibehält.

Weder diese Betrachtung noch eine andere Lehre wird dir darum gegeben, dass du frisch von dir selber aus dazu kommen solltest, solch Bedenken *(meditatio)* des Leidens Christi zu vollbringen, sondern du musst zuvor Gottes Gnade suchen und begehren, damit du es durch seine Gnade, und nicht durch dich selbst vollbringst. Daher ist es nämlich gekommen, dass die, auf die ich eingangs verwies, Christi Leiden nicht in rechter Weise behandeln, indem sie Gott nicht danach anrufen, sondern aus ihrem eigenen Vermögen heraus in einer eigenen, dazu ausgeklügelten Weise ganz menschlich und fruchtlos damit umgehen. (WA 2, 139)

Wenn Luther auch allezeit bemüht ist, den allzu menschlichen Verdienstgedanken strikt abzuweisen, so bewegen sich seine Gedanken, wie man sieht, immer noch in den Bahnen der mittelalterlichen Kirche, für die einerseits der Mitleid erheischende Schmerzensmann, andererseits der strenge Weltenrichter zu einer Furcht erweckenden Gestalt geworden ist. Auch Luther hat, wie nicht anders zu vermuten, eine vorreformatorische Zeit, ehe er seinen spezifischen Erkenntnisdurchbruch erlebt hat! Umso wichtiger ist es, was der Reformator mit Blick auf die Bedeutung dieser Betrachtung zu sagen hat. Er relativiert bereits deutlich das Vielerlei der zeitüblichen obligatorischen, von ihm selbst anfangs noch gutgeheißenen Bußübungen, der Erfüllung gewisser Kirchenstrafen sowie deren „Ablässe“ und rückt sie ins Licht der Wandlung des Menschen. Und die hat im Sinne einer Selbstwerdung zu erfolgen. Geschehen soll dies auf dem Grund einer völligen Erneuerung durch das „Bad der Wiedergeburt“ in der Taufe. An die Stelle des alten Adams tritt der in Christus wiedergeborene neue Adam, der neue Mensch. Darin erblickt er den eigentlichen Ertrag dieser für heutiges Empfinden bisweilen befremdlichen Meditation. Sie entspricht einem prozesshaften Geschehen.

5. „Magnificat“ – Der Lobgesang der Maria

Am Anfang des Lukasevangeliums stehen einige Lobgesänge, die als neutestamentliche Psalmendichtungen angesehen werden können. Sie bilden gleichsam eine poetische Brücke zwischen den beiden Testamenten, zwischen dem alten Israel und dem neuen, auf Christus gegründeten Gottesvolk. Unter diesen Texten darf der Lobgesang der Maria einen besonderen Rang beanspruchen. Es ist die junge werdende Mutter, die gemäß der Botschaft des Engels Gabriel der Geburt ihres ersten Kindes Jesus entgegensieht. In ihrem Preisgesang schaut sie ihr ganz persönliches Erleben und Hoffen als junge Frau im Zusammenhang der Heilsgeschichte Israels, das mit ihr seiner prophetisch angekündigten Zukunft entgegenblickt. Es ist die Geschichte all dessen, was Gott der Menschheit, also nicht nur einem ausgesonderten Volk, zuteil werden lassen will. Aber Israel ist der historische Ansprechpartner für den Empfang der übergeschichtlichen Nachricht. Und die darin enthaltene Kunde lässt aufmerken, denn an die Stelle derer, die als Inhaber von Macht und weltlichem Einfluss als Herren der Geschichte gelten, wendet sich der Lobgesang an die „geringen“ Leute. Gegenüber denen mit Rang und Ansehen werden sie spirituell aufgewertet. Das entspricht einer grundlegenden Wende. Nicht diejenigen, die „hoffärtig sind in ihres Herzens Sinn" und die die Throne der Welt besetzt halten, sollen künftig die Geschicke der Menschen bestimmen. Die herkömmlichen Inhaber der Macht haben vielmehr ausgedient. Sie werden entmachtet. Revolutionäre, umwälzende Töne in einem geistlichen Lied, das sich an die Völker der Welt richtet! Es ist bezeichnend, dass der werdende Reformator gerade diesen Lobgesang (Lk 1,56) verdeutscht und ausgelegt hat, ehe er die Übersetzung des Neuen Testaments als Ganzes in Angriff nahm:

Meine Seele erhebet den Herrn
Und mein Geist freuet sich Gottes meines Heilandes.
Denn er hat seine elende Magd angesehen.
Siehe, von nun an werden mich selig preisen
alle Kindeskinder.
Denn er hat große Dinge an mir getan,
der da mächtig ist und des Name heilig ist.
Und seine Barmherzigkeit
währet immer, für und für
bei denen, die ihn fürchten.
Er übet Gewalt mit seinem Arm
und zerstreuet, die hoffärtig sind
in ihres Herzens Sinn.
Er stößet die Gewaltigen vom Stuhl
und erhebet die Elenden.
Die Hungrigen füllet er mit Gütern
und lässet die Reichen leer.
Er denket der Barmherzigkeit
und hilft seinem Diener Israel auf.
Wie er geredet hat unseren Vätern,
Abraham und seinem Samen ewiglich. (WA 7, 546)

Seit alters hat die Christenheit dieses „Magnificat“ – so genannt nach den lateinischen Eingangsworten: Magnificat anima mea dominum – im Rahmen des kirchlichen Stundengebets für die Vesper, das Abendgebet, vorgesehen. Seit dem Tridentinischen Konzil (1545 –1547) hat es seinen festen Platz im römischen Brevier. Der Abendstern (Vesper), Stern der Venus, wurde wie der Morgenstern durch die Christenheit der jungfräulichen Maria gewidmet. Zusammen mit ihrem Sohn als dem neuen Adam wurde ihr die Stelle der neuen Eva zugewiesen. Augustinus hat auf diese Eva-Maria-Parallele Bezug genommen, wenn er sagte: „Die Stolze verachtet er und die Demütige schaut er an. Was die Stolze verloren hat, hat die Demütige [humilis] gewonnen.“ Und seit dem von Luther als bedeutsam anerkannten Konzil von Ephesus (431) huldigte ihr als der begnadeten „Gottesgebärerin“ (theótokos) die frühe Christenheit. Damit erlangte Maria als „Mutter der Gläubigen“ (mater credentium) vor der Schar der übrigen Heiligen die allerhöchste Bedeutung: „Gegrüßet seist du, Maria; der Herr ist mit Dir. Du bist gesegnet unter den Frauen!“

Martin Luther machte von dieser bevorzugten Einschätzung keine Ausnahme. Auch für ihn war Maria die „hochgelobte Jungfrau“ obwohl er all denen eine Absage erteilte, die aus der Mutter Jesu als einem sterblichen, sündebeladenen Menschen eine Göttin zu machen versuchten. Dem steht die andere Tatsache gegenüber: Das nachreformatorische Luthertum ging zu Maria auf Distanz. Damit entfernte es sich wiederum von Luthers traditioneller Marienverehrung. Eine Bilanz seiner mariologischen Aussagen zeigt, dass er bis an sein Lebensende Maria vor anderen Heiligen verehrt hat. Noch 1533 findet sich bei ihm die beinahe überschwänglich klingende Preisung: „Das Geschöpf Maria kann nicht genug gelobt werden" [Creatura Maria non postest satis laudari]. (WA 1, 219)

Für schädlich und gotteslästerlich hielt er Heiligen- und auch Mariendarstellungen, die wie eine sogenannte Schutzmantelmadonna die Betrachter dazu verführen, das Vertrauen der Menschen mehr auf die dargestellte Frau als auf Christus richten. So konnte es schon einmal dazu kommen, dass Luther Bilder dieser Art entfernen ließ. Aber selbst in seiner apologetischen Schrift „Wider die himmlischen Propheten ..." (1525) räumt er ein: „Wo die Bilder aus dem Herzen [entfernt] sind, tun sie für die Augen keinen Schaden." Er riet, man möge eher ein Kreuz, ein Heiligen- oder Marienbild belassen, „zum Ansehen, zum Zeugnis, zum Gedächtnis, zum Zeichen" (WA 7, 544 ff.). Das läuft auf eine meditative Vergegenwärtigung hinaus, also auf eine innerliche Verbindung mit dem zugrundeliegenden heilsgeschichtlichen, auf Christus verweisenden Geschehen der Menschwerdung.

Nun nimmt die Auslegung des Magnificat im literarischen Schaffen des Reformators auch einen historisch bemerkenswerten Platz ein, wenn man bedenkt: Luther schrieb den ersten Teil noch vor seinem Auftreten auf dem Wormser Reichstag von 1521, in einem Augenblick also, in dem er sich zu den zentralen Fragen seines theologischen Schaffens vor Kaiser und Reich zu verantworten hatte. Den zweiten Teil verfasste er während seines anschließenden unfreiwilligen Wartburgaufenthalts. Insofern geht, wie erwähnt, die Übertragung des Lobgesangs aus dem Lateinischen seiner berühmten Verdeutschung des griechischen Neuen Testaments voraus, die während der Wartburg-Monate (1521/22) entstand.

Dabei spielte auch ein äußerer Anlass eine Rolle. Gewidmet ist die kleine Schrift dem Kurprinzen Johann Friedrich von Sachsen (1503 – 1554), dem späteren Kurfürsten. Er hatte sich schon als junger Mann bei seinem Onkel, dem sehr viel bekannteren Kurfürsten Friedrich dem Weisen (gest. 1525), für Luther fürsprechend eingesetzt, als die päpstliche Bannandrohung (1520) zur Diskussion stand. Insofern stellt das Büchlein samt dem vorangestellten Widmungsschreiben eine Art Dankesschrift dar. Der durch die Machthaber in Staat und Kirche bedrohte Augustiner-Mönch weiß es zu schätzen, dass der Landesherr seinen Untertan angesichts der päpstlichen Bedrohung nicht im Stich lässt. Der Autor stellt seinen Text dem Kurprinzen so eilig zu, dass er den vollständigen Druck nicht einmal abwartet und dem Empfänger die ersten fertiggestellten Druckbogen sogleich übersendet.

Wenn Luther seinen Beschützer auch einige Male im Text anspricht, so steht doch außer Frage, dass er mit der Auslegung des evangelischen Psalms vor allem Grundsätzliches über Gottes Zuwendung darlegen will. Seine Betrachtung bezieht sich auf den Christenmenschen als solchen und auf dessen geistliches Leben. Er will Zuversicht stiften, insbesondere wenn es sich um in Abhängigkeit lebende Menschen handelt, die ihrer vollen Menschenwürde beraubt sind. Die auf die Obrigkeit bezogenen Passagen aus dem Lukasevangelium werden zwar als eine Art „Fürstenspiegel" bezeichnet, insofern sie einige Leitlinien für den Inhaber der politischen Gewalt enthalten. Er möge sich beispielsweise fürsorglich auf die Seite der Schwachen und Geringgeachteten stellen. Doch im Mittelpunkt steht Maria. Sie verkörpert für Luther gleichsam die christliche Seele. Auch das entspricht der mystisch ausgerichteten kirchlichen Überlieferung. Beispielgebend möge die Mutter des Herrn insofern sein, als sie die dienstbare „Magd" darstellt, die dem Heilswillen Gottes zur Verfügung steht.

Den meditativ-mystischen Charakter seiner Ausführungen bringt der Ausleger dadurch zum Ausdruck, dass er betont: Inspirierte, das heißt „unmittelbar vom Heiligen Geist" kommende, Wortlaute verlangen in einer ihnen angemessenen spirituell ausgerichteten geistig-seelischen Verfassung empfangen zu werden. Sie verlangen somit eine spirituelle Interpretation. Diese Voraussetzung ist es, die Luther in seiner Vorrede eigens betont. Bemerkenswerterweise hebt der Ausleger die Bedeutung eigener geistlicher Erfahrung hervor:

Um diesen heiligen Lobgesang ordentlich zu verstehen, ist zu merken, dass die hochgelobte Jungfrau Maria aus eigener Erfahrung von dem redet, worin sie durch den Heiligen Geist erleuchtet und gelehrt worden ist. Denn niemand kann Gott noch Gottes Wort recht verstehen, er habe es denn unmittelbar vom Heiligen Geist. Niemand kann es aber vom Heiligen Geist haben, er erfahre, erprobe und empfinde es denn. In derartiger Erfahrung lehrt der Heilige Geist als in seiner eigenen Schule, außerhalb deren nichts gelehrt wird als nur leere Worte und Geschwätz.

So war es mit der heiligen Jungfrau. Indem sie an sich selber erfahren hat, dass Gott an ihr so große Dinge wirkte, wiewohl sie doch gering, unansehnlich, arm und verachtet gewesen ist, lehrt sie der Heilige Geist die reiche Kunst und Weisheit, dass Gott ein solcher Herr ist, der nichts anderes zu schaffen hat, als nur zu erhöhen, was niedrig ist, [andererseits] zu erniedrigen, was da hoch ist, also kurz gesagt: zu zerbrechen, was da gemacht ist, und [ganz] zu machen, was zerbrochen ist. (WA 7, 546 f.)

Berücksichtigt man, dass mystisches Innewerden eine besondere Weise der spirituellen Erfahrung darstellt, dann fällt auf, dass in Luthers Worten eben diese Vokabeln des Erfahrens, der Erprobung und des Empfindens hervorgehoben werden. Der Ausleger ist somit bestrebt, seine Leser an diese Weise der Teilhabe heranzuführen und in die Glaubenstatsache einzubeziehen. Dazu kommt der im vollen Sinn des Wortes ökumenische Charakter, der durch Luthers hohe Einschätzung Mariens immer wieder, mitunter von seinen Gegnern, bestätigt worden ist. Selbst ein Mann vom Schlage Papst Leos X., der über Luther den bis heute formell nicht aufgehobenen Kirchenbann verhängt hat, soll nach der Lektüre dieser frühen Schrift des Wittenberger „Ketzers“ bekannt haben: „Selig sind die Hände, die dies geschrieben haben.“ – Und von Gott, dem Schöpfer, heißt es bei Luther:

Noch alle seine Werke kommen bis ans Ende der Welt so zustande, dass er aus dem, was nichts, gering, verachtet, elend, tot ist, etwas Köstliches, Ehrliches, Seliges und Lebendiges macht. Wiederum macht er alles, was etwas Köstliches, Ehrliches, Seliges, Lebendiges ist, zunichte, gering und verachtet, elend und sterbend. Auf diese Weise kann kein Geschöpf wirken. Es vermag nicht, aus Nichts etwas zu machen. Also sehen Gottes Augen nur in die Tiefe, nicht in die Höhe.

Damit ist die bei Luther oft wiederkehrende, die Lebensart Mariens charakterisierende Metapher der Tiefe und des Untenseins aufgerufen. Und aus einer solchen Tiefe habe Maria ihren Lobgesang freudig bewegt angestimmt. Daran sind Luthers mahnende Worte geknüpft, die fürs Stammbuch seines Landesherrn gedacht sein werden. Einer von denen „da droben“ möge sich wie wir alle einen Reim darauf machen.

So erfahren wir täglich, wie jedermann nur über sich hinaus strebt, hin zu Ehre, zu Gewalt, zu Reichtum, zu Kunst (d.h. zum Unechten, Gekünstelten, Neugierde Erweckenden), zu bequemem Leben und allem, was groß und hochgeschätzt ist ... Dagegen will niemand in die Tiefe sehen, wo Armut, Schmach, Not, Jammer und Angst sind. Da wendet jedermann die Augen ab. Und wo solche Leute sind, da läuft jedermann weg. Da flieht, da scheut, da lässt man sie im Stich. Und niemand denkt daran, ihnen zu helfen, ihnen beizustehen und zu machen, dass sie auch etwas seien. Sie müssen also in der Tiefe und im niedrigen, verachteten Zustande bleiben. Es ist hier kein Schöpfer unter den Menschen, der aus dem Nichts etwas machen wollte ...

Wer aber erfährt, wie ein solcher Gott ist, der in die Tiefe schaut und nur den Armen, Verachteten, Elenden, Jammervollen, Verlassenen und denen hilft, die gar nichts sind, dem wird er so herzlich lieb. Ihm fließt das Herz vor Freuden über, hüpft und springt vor großem Wohlgefallen, das es in Gott empfangen hat; und da ist denn der Heilige Geist. Er hat solch überschwängliche Kunst und Lust in dem Augenblick mittels der Erfahrung gelehrt. (WA 7, 547 – 548)

Bei aller Hochschätzung der seiner Meinung und dem kirchlichen Dogma nach als „unversehrt", das heißt unberührt gebliebenen Jungfrau versäumt es Luther nicht, eigens zu betonen, dass die aus dem Stamm Davids emporgewachsene Blume dennoch nicht die Hauptperson im Heilsgeschehen verkörpert, sondern allein Christus. Die Mutter des Herrn mag man in ihrer Frömmigkeit und Lebensführung hoch schätzen. Aber an den Erlöser reicht sie nicht heran. Sie bleibt „unten".

So tut auch hier die zarte Mutter Christi. Sie lehrt uns mit dem Beispiel ihrer Erfahrung und mit Worten, wie man Gott erkennen, lieben und loben soll. Denn weil sie nämlich mit fröhlichem, springlebendigem Geist sich hier rühmt und Gott lobt, er habe sie angesehen, obwohl sie niedrig und nichts gewesen ist, muss man glauben, dass sie arme, verachtete, geringe Eltern gehabt hat.

Und so hat Jesaja 11,1 verkündet: „Es wird ein Zweig hervorgehen aus dem Stamm Isais und eine Blume von seiner Wurzel aufwachsen, auf welcher der Heilige Geist ruhen wird.“ Der Stamm und die Wurzel ist das Geschlecht Isais oder Davids, im Besonderen die Jungfrau Maria. Der Zweig und die Blume ist Christus … Es wächst ein Zweig und die Blume von der Person empor, welche die Töchter des Herrn, [die Jerusalemer Priester] Hannas und Kajphas nicht würdig erachtet hätten, ihre geringste Magd zu sein. Also richten sich Gottes Werke und Augen in die Tiefe, die Augen und Werke der Menschen aber nur in die Höhe. Das ist nun der Anlass des Lobgesangs. (WA 7, 548 – 549)

Die wiederholte Betonung der „Tiefe“ und des Niedrigseins (humilitas) hindern Luther jedoch nicht, einen Seelenüberschwang und ein mystisches Erhobenwerden bei der psalmodierend vorgestellten Maria vorauszusetzen. Damit deutet der Interpret seine eigene innere Gestimmtheit an, seine geistig-seelische Verfassung, wie sie dem Geistesempfang am ehesten entspricht. Die Mystik spricht von einem Gleichförmigwerden (conformitas) mit dem, was der biblische Wortlaut zu Gehör bringt. Es geht darum, dass der kontemplativ eingestellte Mensch sich für das Gotteswort offen hält. Er ist nicht etwa der „Macher“. Sein Erleben ist eher ein „fröhliches Erleiden“ – eine andere Formulierung für den Empfang der gnädigen Zuwendung Gottes: „Mir geschehe wie du [Engel Gabriel] gesagt hast." – Und nun die Intonation (Lk 1,46):

„Meine Seele erhebet Gott den Herrn"

Dieses Wort ergeht aus großer Herzenslust und überschwänglicher Freude, in der sich Marias Gemüt und Leben ganz von innen heraus im Geist erhebt. Darum spricht sie nicht etwa: „Ich erhebe Gott", sondern „meine Seele", als wollte sie sagen: „Mein Leben und alle meine Sinne schweben in Gottes Liebe, in seinem Lob und in hohen Freuden, sodass ich meiner selbst nicht mächtig bin und mehr erhoben werde, als ich mich selbst erhebe zu Gottes Lob."

Wie ja all denen geschieht, die mit göttlicher Süßigkeit und Geist übergossen werden, sodass sie mehr fühlen als sie auszusprechen vermögen. Es ist nämlich kein Menschenwerk, Gott mit Freuden zu loben. Es ist mehr ein fröhliches Erleiden und allein ein Gotteswerk, das sich mit Worten nicht lehren, sondern nur durch eigenes Erfahren erkennen lässt, wie David in Psalm 34,9 sagt: „Schmecket und sehet, wie sie süß Gott der Herr ist. Selig ist der Mensch, der ihm vertraut." (WA 7, 550)

Und um aufs Neue auf die Erfahrungsqualität des christlichen Glaubens mit Nachdruck hinzuweisen, fügt Luther hinzu:

Erst setzt er das Schmecken, dann das Sehen, und zwar darum, weil es sich nicht ohne eigene Erfahrung und Empfindung erkennen lässt, zu welcher doch niemand kommt, er vertraue denn Gott mit ganzem Herzen, wenn er in der

Tiefe und in Not ist. Darum fährt David in Psalm 34,9 schnell fort: „Selig ist der Mensch, der Gott vertraut." Denn derselbe wird Gottes Wirken an sich erfahren und also zu der fühlbaren Süßigkeit an sich erfahren, dadurch aber zu allem Verstehen und zur Erkenntnis kommen. (WA 7, 550)

So schreitet der Ausleger Vers um Vers und Wort um Wort voran, indem er – wie er eigens betont – sorgsam „erwägt", welcher spirituelle Gehalt dem Evangelienwort innewohnt. Darin besteht Luthers Art der Meditation. Seine Aufgabe erblickt er darin, den Beter des Magnificat für das Beschreiten des inneren Weges vorzubereiten und einzustimmen. Unter Berufung auf den Apostel Paulus und dessen richtungweisende Aussage (Röm 3,28) fügt er hinzu:

Kein Werk, keine äußerliche Weise, sondern nur der Glaube – das ist die gute Zuversicht in die unsichtbare, uns verheißene Gnade – macht fromm, gerecht und selig … Und wo der Glaube nicht ist, da müssen [nach Meinung der Irrenden] viele Werke her, daraus dann aber Unfriede und Uneinigkeit folgen und also kein Gott mehr dableibt … Lasst euch durch keine Lehre von den Werken irremachen! Der gläubige Geist hat es allein ganz und gar. Es liegt nur am Glauben des Geistes. Um diesen das ganze Erbe besitzenden Geist bitte ich. Gott wolle euch vor den falschen Lehren behüten, die durch Werke Zuversicht zu Gott wecken wollen … Das Herz der Maria steht fest und bleibt sich gleich zu jeder Zeit, lässt Gott in sich wirken nach seinem Willen und gewinnt daraus nicht mehr als einen guten Trost, Freude und Zuversicht in Gott. Das – so meine ich – wäre ein rechtes Magnificat gesungen. (WA 7, 552 – 556)

Der Lobgesang fährt mit den Worten des Lukasevangeliums fort: „Und mein Geist freut sich in Gott, meinem Heiland."

Was der Geist ist, wurde bereits gesagt: nämlich der, welcher die unbegreifbaren Dinge durch den Glauben empfängt. Darum nennt Maria Gott auch ihren Heiland oder ihre Seligkeit, obwohl sie doch nicht sah noch empfand, sondern in fester Zuversicht darauf vertraute, er wäre ihr Heiland und ihre Seligkeit, ein Glaube, den sie aus dem an ihr geschehenen Gotteswerk empfangen hatte.

Und fürwahr, sie fängt folgerichtig an, wenn sie Gott eher ihren Herrn als ihren Heiland nennt und eher ihren Heiland, als sie seine Werke aufzählt. Damit lehrt sie uns, wie wir Gott rein und lauter und damit in der ihm zukommenden Ordnung lieben und loben und ja nicht das Unsere in ihm suchen sollen. Der aber liebt und lobt Gott rein und lauter, der ihn nur deswegen lobt, weil er gut ist, und nicht mehr als seine lautere Gütigkeit anschaut und nur an dieser seine Lust und Freude hat. Dies ist eine hohe, reine, zarte Weise zu lieben und zu loben, die gut zu einem solch hohen, zarten Geist passe, wie es diese Jungfrau ist …

Maria lässt die Güter, die sie empfindet, fahren. Sie hat nicht ihre Lust daran, sucht nicht ihren Genuss, sodass sie fürwahr aus rechtem, wahrem Grund heraus singt: „Mein Geist erfreut sich in Gott, meinem Heiland." Wahrlich, es ist ein Geist, der nur im Glauben, wo er spricht und hüpft, nicht aufgrund von Gütern fröhlich ist, die Maria empfand, sondern allein um Gottes willen, den sie als ihr Heil nur im Glauben erkennt. O, das sind die rechten, demütigen, leer gewordenen, hungrigen, gottesfürchtigen Geister! (WA 7, 556 – 558)

6. „Von der Freiheit eines Christenmenschen“

Das Jahr 1520, in dem Luther mit der Niederschrift seiner Magnificat-Auslegung begonnen hatte, ist hinsichtlich der Grundlegung seiner reformatorischen Erkenntnis durch drei Veröffentlichungen gekennzeichnet. Sie sind als reformatorische Grundschriften in die Kirchen- und Theologiegeschichte eingegangen. Luther hat in diesem Augenblick einen Höhepunkt seiner schriftstellerischen Schaffenskraft erreicht. Er ist als Prediger wie als theologischer Schriftsteller zu einer viel diskutierten Gestalt des öffentlichen Lebens in Kirche und Gesellschaft geworden. Dem konnten der päpstliche Bannstrahl und die bald nachfolgende kaiserliche Reichsacht, die den Mönch lebenslang zu einer polizeilich gesuchten Unperson machte, letztlich keinen Abbruch antun. Martin Luther ist weithin zum Mann der Stunde geworden! Seine Schriften werden allerorten nachgedruckt. Hatte er sich bisher in erster Linie an seine Kollegen, die Theologen, und an die römische Kirchenleitung gewandt, so bezieht er nun auch weite Kreise der Christenheit ein.

In der ersten dieser drei Schriften „An den christlichen Adel deutscher Nation von des christlichen Standes Besserung“ vom August 1520 sind es die politisch Verantwortlichen, der deutsche Adel, an ihrer Spitze der im Jahr zuvor gewählte junge Kaiser, „das edle Blut“, Karl V. Herzstück dieser Ausführungen ist die Proklamation des allgemeinen Priestertums aller Getauften und damit aller Gläubigen. Durch die Taufe – so hebt Luther darin hervor – sind alle Christen bereits potenzielle Priester. Deshalb bedürfte es keiner über die Christenheit herrschende Priester-Hier-

archie[35]*. Diese sogenannten „Laien“ (von griech.: „laós“, Volk, insbesondere Gottesvolk) sollten nicht länger einem herausgehobenen Amtspriestertum von Klerikern unterstellt sein. Wie sie sind auch diese Angehörigen des Gottesvolkes der Getauften im Vollsinn des Wortes bereits als Geistliche qualifiziert. Ferner gehört ein weit schauendes Reformprogramm zum Inhalt dieser Adelsschrift. Luthers zentrale These lautet:*

Alle Christen sind wahrhaftig geistlichen Standes; es ist unter ihnen kein Unterschied als allein hinsichtlich des Amtes, *gemeint ist die formelle Beauftragung* ... Wir werden allesamt durch die Taufe zu Priestern geweiht, wie Sankt Peter sagt: „Ihr seid ein königlich Priestertum und ein priesterlich Königreich“ (1 Petr 2,9)... Darum ist es, wenn der Bischof einen zum Pfarrer weiht, nichts anderes, als wenn er an Stelle und in Vertretung der ganzen Versammlung einen einzelnen aus dem Haufen nähme ... Denn weil wir alle gleichermaßen Priester sind, muss sich niemand selber hervortun ... Christus hat nicht zwei oder zweierlei Art von Körpern, einen weltlich, den andern geistlich. (CL 11, 165)

„Von der babylonischen Gefangenschaft der Kirche“ (Oktober 1520) ist die zweite Veröffentlichung betitelt. Sie richtet sich an die Theologen und behandelt speziell die Fragen des Heiligen Abendmahls (Messe). Das Sakramentsverständnis lutherischer Prägung ist damit deutlich umrissen. Brot und Wein gelten als unveräußerliche Realsymbole für die Präsenz Christi. In diesen Elementen ist er geistlich gegenwärtig. Die seit Jahrhunderten praktizierten Vernünfteleien

35 Hierarchie heißt: heilige Herrschaft; in einem vom Geist der Freiheit bestimmten Christentum eine fragwürdige Institution.

der scholastischen Transsubstantiationslehre, das heißt der Lehre von der durch das Wort eines geweihten Priesters herbeigeführten Wandlung von Brot und Wein in Leib und Blut, werden abgelehnt. Aber Luther hält somit an der wirklichen, unter irdischen Zeichen verdeutlichten Gegenwart Christi fest. Das geschieht im Gegensatz zu anderen protestantischen Zeitgenossen (z.B. Zwingli, Schwenckfeld u.a.), die dem Sakrament lediglich einen Bedeutungsgehalt zuerkennen, weil sie unter Hinweis auf die Schrift meinen, dass „das Fleisch zu nichts nütze" sei (Joh 6,63).

In der dritten Schrift „Von der Freiheit eines Christenmenschen" (WA 7, 20 ff. – CL 2, 162 ff.) vom November 1520 bringt der Reformator sein Programm auf die knappe, doch bedeutsame Formel:

„Ein Christenmensch ist ein freier Herr aller Dinge und niemand untertan" – nämlich hinsichtlich des Glaubens, der von niemandem gefordert oder dominiert werden darf. Und: „Ein Christenmensch ist ein dienstbarer Knecht aller Dinge und jedermann untertan" – nämlich im Dienst der Liebe und Zuwendung zu allen Menschen, die seiner Hilfe bedürfen. Der frühere Erlanger Kirchenhistoriker Walther von Loewenich bemerkt hierzu mit Recht: „Diese Schrift ist neben dem Kleinen Katechismus das Schlichteste und Tiefste, was Luther der Christenheit hinterlassen hat."[36]

Oft genug war es die Mystik, an der sich Menschen geistig wie geistlich orientieren konnten, die nach spiritueller Erfahrung und nach Glaubensgewissheit verlangten. Das ist bis heute so. Jede und jeder kann von solchem Erleben berührt werden, wie unterschiedlich auch die Art und Weise von

36 Walther von Loewenich, Der Weg des Evangeliums durch die Welt, München 1949, 75.

Mensch zu Mensch sein mag. Martin Luther erging es dabei nicht anders. So kann es auch nicht verwundern, wenn man inmitten seiner Freiheitsschrift, die den Ertrag der reformatorischen Erkenntnis knapp zusammenfasst, davon Zeugnisse findet; und da kommt der Reformator wie selbstverständlich auf Elemente der mystischen Gottesbeziehung zu sprechen. Das geschieht im Zeichen der sogenannten „Brautmystik". Es ist der Bräutigam Christus, der sich mit seiner Braut in Gestalt der menschlichen Seele liebend verbindet. Eine ungeahnte Zusammengehörigkeit wird begründet. Diese Veranschaulichung des christlichen Glaubens, die sich bereits in der hebräischen Bibel des Alten Testaments vorgeprägt findet, hat Luther lebenslang begleitet. Das zeigen seine Predigten, auch wenn darin nicht immer ausdrücklich vom mystischen Erleben als solchem die Rede ist.

Mit guten Gründen wird auf Luthers hohe Einschätzung der Hohelied-Predigten des Zisterzienser-Mystikers Bernhard von Clairvaux (1090 – 1153) hingewiesen.[37] *Bekanntlich war es das Hohelied Salomonis, das sowohl im biblischen Judentum als auch im frühen Christentum (Origenes und Gregor der Große)*[38] *auf das Gottesvolk in seiner liebenden Beziehung zu Gott Jahwe beziehungsweise Christus gedeutet wurde. Ersehnt wird die Erfüllung der Vereinigung von Gott und der menschlichen Seele in „heiliger Hochzeit". Auch sie ist für den heutigen Menschen auf seinem jeweiligen Innenweg bedeutsam, nämlich als Symbol und Erfahrung menschlicher Reifung.*[39] *In der Mystik spricht*

37 Bernardin Schellenberger (Hrsg.), Bernhard von Clairvaux: Gotteserfahrung und Weg in die Welt, Olten 1982.

38 Origenes und Gregor der Große: Das Hohelied. Übers. Karl Suso Frank, Einsiedeln 1987.

39 Gerhard Wehr, Heilige Hochzeit. Symbol und Erfahrung menschlicher Reifung, Edition Pleroma, Frankfurt 2008.

man von der „unio mystica“ als Inbegriff und Höhepunkt spiritueller Erfahrung.

Spätestens von seinem Ordensoberen Johann von Staupitz wusste Luther, dass für ihn, wie auch für ungezählte andere, Maria die Braut Christi verkörpert. Er brachte dies mit der Situation in Zusammenhang, als Maria unter dem Kreuz ihres Sohnes verharrt und dort von ihm die geheimnisvollen Worte vernimmt: „Frau, siehe, das ist dein Sohn!“ Hierzu Staupitz in gleichnishafter Rede:

Frau – nicht mehr Mutter – du wirst nun nicht mehr meine Mutter sein, sondern wenn mir das Herz bricht, wirst du meine Braut sein. Ich bin der Vater, du sollst die Braut sein, aus der alle Welt geboren wird. Du trägst einen anderen Sohn, das ganze menschliche Geschlecht. Du wirst bald gebären, du trägst so viele Kinder. Dir möchte das Herz brechen; du trägst nicht im Bauch, sondern im Herzen.[40]

Seine eigene Anschauung bezüglich dieses Gleichnisses von Braut und Bräutigam bereitet Luther in seiner Schrift von der christlichen Freiheit vor, indem er – wiederum Paulus folgend (2 Kor 4,16) – vom inneren und vom äußeren Menschen spricht. Das will besagen, dass es so etwas wie eine auf das mystische Erleben bezogene Menschenkunde gibt, wenn man den „Ort“ des inneren Geschehens anzudeuten versucht. Das spricht Luther mit den Worten aus:

40 Johann von Staupitz, zit. bei Ernst Wolf, Staupitz und Luther, Leipzig 1927, 281; vgl. Reinhard Schwarz, Mystischer Glaube. Die Brautmystik Martin Luthers, in: Wolfgang Böhme (Hrsg.), Von Eckhart bis Luther (Herrenalber Texte 31), Karlsruhe 1981, 24.

Ein jeglicher Christenmensch ist von zweierlei Natur, nämlich von geistlicher und leiblicher. Nach der Seele wird er ein geistlicher, neuer, innerlicher Mensch genannt; nach dem Fleisch und Blut wird er ein leiblicher, alter und äußerlicher Mensch genannt. Und um dieses Unterschiedes willen wird von ihm gesagt in der Schrift, die sich geradezu [jedoch nur scheinbar] widerspricht, wie ich jetzt von der Freiheit, andererseits von der Dienstbarkeit gesagt habe. (WA 7, 21)

Gemeint ist, in welcher Hinsicht der Christenmensch frei und inwiefern er gebunden, also unfrei sei. Doch diese Unfreiheit neuer Ordnung ist durchaus positiv bewertet, weil sie durch den Dienst der selbstlosen und fürsorglichen Liebe (agape; caritas) geadelt wird. Sie steht nicht länger unter dem Joch eines irgendwie erzwungenen Leistungssdrucks, und sei es jener, mit dem man sich in herkömmlicher Weise heilsegoistisch Stufen in den Himmel bauen will. Aber gerade dieser Gesinnung widerspricht Luther und spricht verächtlich von bloßer „Werkerei", zumal sie letztlich fruchtlos bleibe.

So nehmen wir von uns den inwendigen geistlichen Menschen, um zu sehen, was dazu gehöre, dass er ein frommer, freier Christenmensch sei und heiße. So ist offenbar, dass kein äußerliches Ding mag ihn frei und fromm machen, wie immer es mag genannt werden. Denn seine Frömmigkeit und Freiheit, wiederum seine Bosheit und Gefangenschaft sind nicht leiblich noch äußerlich. Was hilft der Seele, dass der Leib ungefangen, frisch und gesund ist, dass er isst, trinkt und lebt wie er will? – Wiederum, was schadet das der Seele, dass der Leib gefangen, krank und matt ist, dass er hungert, dürstet und leidet, wie er nicht gerne wollte?

– Dieser Dinge reichet keines bis an die Seele, um sie zu befreien oder zu fangen, fromm oder bös zu machen …

Wir müssen also gewiss sein, dass die Seele alle Dinge entbehren kann, ausgenommen das Wort Gottes; und ohne das Wort Gottes ist ihr mit keinem Ding geholfen. Wenn sie aber das Wort Gottes hat, so bedarf sie auch keines anderen Dinges mehr, sondern sie hat in dem Wort Gottes schon Genüge. Sie hat damit Speise, Freude, Friede, Licht, Wissen, Gerechtigkeit, Wahrheit, Weisheit, Freiheit und alles Gute im Überfluss. (WA 7, 21 – 22)

Diese für die Reformation grundlegende Einschätzung des Wortes Gottes, selbst angesichts berechtigter Forderungen der gesellschaftlich Deklassierten, etwa im Bauernkrieg (1524/25)[41]*, unterstreicht Luther noch, indem er des Weiteren „das einzige Werk und die einzige Übung“ aller Christen darin sieht, dass sie sich das Wort und die Rolle Christi gut einprägen und diesen Glauben ständig üben, um ihn zu stärken. Das entspricht einer unablässigen Betrachtung und der Meditation, die im Herzen ihren Sitz hat, sich also bei Weitem nicht allein schon in einem theologischen Bescheidwissen erschöpft. Dieses Wissen kann dann nur hinderlich sein, wenn es lediglich eine Kopfgeburt bleibt, vom Herzen nicht durchpulst ist und sich jener Diakonie der Liebe versagt. An dieser – man darf sagen: entscheidenden – Stelle seines Gedankengangs, an der er die Wirkweise des Glaubens herausstellt, greift nun der Autor der Freiheitsschrift nochmals auf das Evangelienbild von Braut und Bräutigam*

41 Luthers durchaus nicht unproblematische Haltung im Bauernkrieg, die er in drei Schriften zum Ausdruck gebracht hat, bedürfte unter Berücksichtigung seiner Sicht der Gesellschaftsordnung freilich einer gesonderten Betrachtung.

zurück. Es dient ihm dazu, um die Innigkeit und Unauflöslichkeit der Liebesgemeinschaft zu unterstreichen, die eine mystische Tatsache schafft, indem sie Gott und Mensch miteinander verbindet.

Das Bild, das Luther hier anwendet, ist als solches freilich den einschränkenden Vorstellungen seiner Zeit entnommen, als die Frau dem Mann antiker wie paulinischer Normierungen gemäß als nicht vollwertig erschien. Sie blieb ihm als „Gehilfin" untergeben. So tritt hier der Bräutigam nicht eigentlich als der Partner auf gleicher Stufe auf, sondern als der reiche Ehe-Herr, der Inhaber von erstrebbaren Gütern, während die besitzlose und damit abhängige Braut diejenige ist, die aus großer Dürftigkeit herkommt. Ja, er nennt sie geradezu eine geringe Dirne, „ein Hürlein", das er aber dennoch in ausgesprochener Großmütigkeit mit seinen reichen Gaben beschenkt. Das sind Vorstellungen, die bereits im Magnificat des Lukasevangeliums anklingen, wenn dort Maria in ihrer Niedrigkeit (humilitas) gesehen wird, wodurch der Grad ihrer Begnadung freilich noch verstärkt wird. Das gilt letztlich für die Seele des sündigen Menschen in seiner Beziehung zu Christus, der sie beschenkt. Und zwar tut er das um der Schaffung einer neuen Existenzmöglichkeit des Menschen willen. Es handelt sich um das neue Sein. Paulus hat vom mystischen „Sein in Christus" (en Christo einai) gesprochen. Es versteht sich, dass damit nicht nur die Frau die ihr zustehende Erhebung erfährt, sondern der Mensch schlechthin, der die vermisste Verbundenheit mit Christus erlangt. Es geschieht das Erstaunliche: Es kommt zu einem „fröhlichen Tausch".

Der Glaube gibt nicht nur dies, dass die Seele dem göttlichen Wort gleich, aller Gnaden voll, frei und selig wird, sondern vereinigt auch die Seele mit Christus wie eine Braut mit ihrem Bräutigam. Aus dieser Ehe folgt, wie Sankt Paulus sagt (Eph 5,30), dass Christus und die Seele *ein* Leib werden. Darum werden auch die beiden Güter, Glücks- und Unglücksfälle und alle Dinge gemeinsam. Was Christus hat, das ist Eigentum der gläubigen Seele. Was die Seele hat [nämlich ihre Minderwertigkeit], wird Eigentum Christi. (WA 7, 25)

Gerade weil eine Frau nichtadeliger Herkunft gemäß mittelalterlicher Gesellschaftsordnung in der Ehe ihrem Eheherrn auf Gedeih und Verderb unterworfen war, ist Luthers Vergleich von besonderer Tragweite: Eine geringe Magd, gar eine billige Dirne, deren Leib und Leben denkbar wenig gegolten hat, gewinnt aus der Sicht des Gleichnisbildes von Braut und Bräutigam eine außerordentliche Wertschätzung. Heutige Leser der Luther-Texte mögen Anstoß daran nehmen, dass Luther – ebenfalls aus der religiösen Zeitsituation heraus – wieder und wieder, oft bis zum Überdruss das Sündersein des Menschen beschwört und schon in der ersten seiner 95 Thesen das anhaltende Buße-Tun zur Sprache bringt. Aber offensichtlich ging es ihm darum, die darin sich äußernde Gebundenheit ein für allemal abzuschütteln. Mit anderen Worten: Der von ihm ins Auge gefasste Gedanke entspricht dem Verlangen nach einer spürbaren Befreiung; er entspricht einem durch den innerlich ergriffenen Christus bewirkten Befreiungserlebnis. Es geht um nichts Geringeres als um die „Freiheit des Christenmenschen“ überhaupt. Daher Luthers Meinung:

Ist das nicht eine fröhliche (Haus-)Wirtschaft, wo der reiche, edle, rechtschaffene Bräutigam Christus das arme, verachtete Hürlein zur Ehe nimmt und sie von allem Übel befreit, mit allem Guten schmückt? So ist es nicht möglich, dass die Sünden sie verdammen; denn die liegen nun auf Christus und sind in ihm verschlungen. Sie hat auch eine so reiche Gerechtigkeit in ihrem Bräutigam, dass sie wieder gegen alle Sünden bestehen kann, mögen sie auch auf ihr liegen. Davon spricht Paulus (1 Kor 15,57): „Gott sei Lob und Dank, der uns eine solche Überwindung in Christus Jesus gegeben hat, in welcher der Tod mit der Sünde verschlungen ist." (WA 7, 26)

So hat Christus alle Güter und Seligkeit. Sie sind [nun] Eigentum der Seele. So hat die Seele alle Untugenden und Sünden auf sich liegen: Die werden Eigentum Christi! Hier beginnt der fröhliche Tausch und Streit: Weil Christus Gott und Mensch ist, der noch nie gesündigt hat und seine Rechtschaffenheit unüberwindlich, ewig und allmächtig ist, so müssen die Sünden in ihm verschlungen und ersäuft werden. [Das geschieht], wenn er der gläubigen Seele durch ihren Brautring, das heißt den Glauben, sich selbst zu eigen macht und so handelt, wie er [durch seine Heilstat] gehandelt hat. Denn seine unüberwindliche Gerechtigkeit ist allen Sünden zu stark. So wird die Seele von all ihren Sünden einzig durch ihren Mahlschatz [oder Brautgeschenk], das heißt um des Glaubens willen, frei und los und mit der ewigen Gerechtigkeit ihres Bräutigams Christi beschenkt. (WA 7, 25 – 26)

Aus dem Zusammenhang dieser Freiheitsschrift geht hervor, dass mit dem Bild von dem Gütertausch nicht etwa nur ein bloßes formalrechtliches Geschehen gemeint sein kann. Vielmehr geht es um eine geglückte Partnerschaft

– gewissermaßen endlich auf gleicher Augenhöhe; es geht um das Wunder des Beschenktwerdens. Es geht letztlich um das neue Menschsein, um das neu geschöpfte Leben (griech.: ‚kainé ktísis). Dieses in der Innerlichkeit der Seele Begonnene bleibt jedoch nicht auf diesen Innenbereich beschränkt, so wie mystisches Erleben keiner Abgespaltenheit von der übrigen Lebenswirklichkeit verträgt. Vielmehr muss sich das in der Wesenstiefe Empfangene im gelebten Leben auswirken. Das hat in Werken zu geschehen, die sich als Antwort und als natürliche Folgen jenes Innenvorgangs darstellen. Denn:

Gute, rechtschaffene Werke machen niemals einen guten, rechtschaffenen Mann, sondern ein guter, rechtschaffener Mann macht gute rechtschaffene Werke. (WA 7, 26)

Dieser wundersame „Gütertausch“ zwischen Christus und dem Menschen, der ihm glaubend vertraut, hat somit einen recht konkreten Effekt. Seine Innenseite lässt sich als eine mystische Tatsache beschreiben. Seine Außenseite aber soll sich im tätigen Leben durch den „dienstbaren Knecht“ Mal um Mal erweisen. Mit „guten Werken“ alten Stils, also mit solchen, durch die man sich bestimmte religiöse Verdienste erwerben will, hat dieses Wirken nichts zu schaffen. Das hat Luther in seinem geistlichen Ringen vor seinem reformatorischen Erkenntnisdurchbruch erfahren, aus dem heraus er sein Lied von der Freude schrieb[42]: „Die Angst mich zum Verzweifeln trieb / dass nichts denn Sterben bei mir blieb,

42 Es handelt sich um Verse aus Luthers Lied: „Nun freut euch, lieben Christen g'mein“. Es spielt auf Stationen seines eigenen Erlebens an. Insofern ist es nicht weniger bedeutend als „Ein feste Burg ist unser Gott“.

/ zur Höllen musst ich sinken ...“ Daher stellen die guten Werke neuen Stils die in Freiheit vollzogene Antwort auf das dar, was die Gnade Gottes erst ermöglicht hat.

Dazu kommt, was Reinhold Schwarz in seiner Studie zu Luthers Brautmystik anmerkt: „Das Vertrauen, das sich an Christus hält, befreit uns von den endlosen Rückfragen nach uns selbst und von den fragwürdigen Selbstvergewisserungen. Luther hat wiederholt betont, wir sollten Christus nicht einfach als Ursache und Vorstellungsobjekt unseres Heils betrachten; es käme hingegen darauf an, ihn als unser Heil selber, gewissermaßen als Lebensgestalt unseres Heils zu bejahen. Er eignet uns auch nicht nur seine Gaben und Werke zu, sondern sich selbst. Damit meint Luther, dass wir uns von Gott selbst in seiner Zuwendung zu uns anrühren lassen. Hier erreicht Luthers Brautmystik ihren Gipfelpunkt, wo der Gütertausch zu einem Tausch oder einer Stellvertretung der Herzen wird, dass uns der Herzschlag eines neuen Lebens erfasst.“[43]

Demnach ist die Mystik im Leben und in der Spiritualität in die existenzielle Mitte eines solchen Christenmenschen eingebettet, der seiner Befreiung gewahr geworden ist und der nun gar nicht anders kann, als sie im tätigen Leben zum Nutzen anderer umzusetzen.

Wirft man noch einen Blick auf das kirchen- und geistesgeschichtliche Feld, auf dem sich Luthers Mystik entfaltet konnte, so zeigt ein Blick hinter Luther zurück, wie erwähnt, vielfältige literarische Quellen, aus denen er geschöpft hat. Dass der Augustinermönch sich mit Augustins Hauptwerken vom Kirchenstaat (De civitate Dei) und Augustins

---

43 Reinhard Schwarz, Mystischer Glaube. Die Brautmystik Martin Luthers, aaO., 32.

Bekenntnissen (Confessiones) frühzeitig beschäftigt hatte, versteht sich von selbst; Bernhard von Clairvaux, Johannes Tauler und die „Theologia Deutsch“ haben Luther bis in die Sprachgestalt seines schriftstellerischen Schaffens hinein inspiriert, als er u.a. seinen Magnificat-Kommentar sowie seine Freiheitsschrift niederschrieb.

Wendet man den Blick nach vorne auf die nachfolgende Wirkungsgeschichte, dann zeigt sich ein wechselvolles Bild: Der ihm theologisch und kollegial so nahestehende Gelehrte Philipp Melanchthon (1497 – 1560) verfügte zwar über die für den Reformationsprozess unverzichtbaren humanistischen Bildungsvoraussetzungen, aber er hatte offenbar keine mit Luther zu vergleichende Innenerlebnisse zu bestehen. Bei ihm und Seinesgleichen „verkümmerte die Rede von dem Christus, der im Herzen des Glaubenden präsent wird“ (Reinhard Schwarz). Es bedurfte, kirchengeschichtlich gesehen, daher nachfolgender Anstöße, die zu einer Wiederaufnahme protestantischer Mystik geführt haben.[44] *Zu den wichtigsten gehören Johann Arndt (gestorben 1721) mit seinen „Vier Büchern vom wahren Christentum“ und der von Philipp Jakob Spener (gestorben 1705) mitinitiierte Pietismus*[45]*, gefolgt u.a. von Nikolaus Graf von Zinzendorf oder Friedrich Christoph Oetinger. Paul Gerhardt und Gerhard Tersteegen haben zusammen mit vielen anderen beispielgebend je auf ihre Weise das mystische Glaubensgut dichterisch gestaltet. Eindrückliche Dokumente dieser Art haben in den Gesangbüchern Aufnahme gefunden: Protestantische Mystik wurde singbar!*

44 Gerhard Wehr, Mystik im Protestantismus, München 2000.

45 Reinhard Schwarz, Martin Luther, in: Gerhard Ruhbach/Josef Sudbrack (Hrsg.), Große Mystiker, München 1984, 200 ff.

Von einem Zeitgenossen Martin Luthers, dem Kirchenmusiker Nikolaus Herman, 1480 in Altdorf bei Nürnberg geboren, 1561 als Kantor im böhmischen Joachimstal gestorben, stammt das noch heute gesungene Weihnachtslied: „Lobt Gott, ihr Christen, alle gleich / in seinem höchsten Thron / der heut' schleußt auf sein Himmelreich / und schenkt uns seinen Sohn ..." In einer folgenden Strophe spielt Herman auf das Motiv vom wunderlichen Austausch der Güter an:

Er wechselt mit uns wunderlich;
Fleisch und Blut nimmt er an
Und gibt uns in sein's Vaters Reich
Die wahre Gottheit dran.

Er wird ein Knecht und ich ein Herr,
Das mag ein Wechsel sein!
Wie könnt' er doch sein freundlicher,
Der liebe Jesu mein?

Eine andere, je eigengeprägte Mystik-Rezeption erfolgte bei den sogenannten Spiritualisten, die zwar lutherische Impulse empfangen haben, aber – zu Luthers Leidwesen – mit besonderen Akzenten versahen. Wiederum eine andere Frage ist, ob Luthers Reaktionen angemessen waren.

7. Luther gegen die „Spiritualisten"

Fragt man, von welcher Zeit an bei Martin Luther eine Abkehr von bestimmten mystischen Anschauungen beobachtet werden kann, dann muss man auf die frühe innerprotestantische Problematik hinweisen, die zu Beginn der Zwanzigerjahre begonnen hat. Einen nicht unwesentlichen Faktor stellt seine kritische bis abweisende Bewertung der sogenannten, den geistlichen Aspekt betonenden, Spiritualisten dar, die der Wittenberger Reformator bald als „Schwarmgeister" oder „Schwimmelgeister", bald als „himmlische Propheten" diffamiert hat. Es handelt sich um eigengeprägte und geistliche Persönlichkeiten, die aus dem Kreis seiner ersten Gefolgsleute stammen. Dazu gehören Männer wie Andreas Bodenstein aus Karlstadt am Main, genannt Dr. Karlstadt[46], Thomas Müntzer[47], Sebastian Franck[48], Caspar von Schwenckfeld[49] und einige andere. Sie kamen von der Mystik her, nicht zuletzt durch Luther selbst angeregt, sich in Taulers Predigten und in die ihm zunächst zugeschriebene „Theologia Deutsch" zu vertiefen. Des Weiteren waren sie überzeugt, dass Wort und Sakra-

46 Ulrich Bubenheimer, Consonantia Theologiae et Iurisprudentiae. Andreas Bodenstein von Karlstadt als Theologe und Jurist zwischen Scholastik und Reformation, Tübingen o.J. – Heinrich Bornkamm, Martin Luther in der Mitte seines Lebens, Kapitel VI: Gegner aus den eigenen Reihen – Karlstadt und Müntzer, Göttingen 1979, 133 ff.

47 Gerhard Wehr, Thomas Müntzer in Selbstzeugnissen und Bilddokumenten (Rowohlt Bildmonographien), Reinbek 1971, 188. – Ders., Christliche Mystiker, Regensburg 2008, 156 ff.

48 Horst Weigelt, Sebastian Franck und die lutherische Reformation, Gütersloh 1972.

49 Paul Gerhard Eberlein, Caspar Schwenckfeld, der schlesische Reformator und seine Botschaft, o.J. (1998).

ment nicht allein in ihrer äußeren Gestalt wichtig zu halten seien, sondern dass es letztlich darum gehen müsse, einen inneren, eben einen mystischen Zugang zu finden und sich zu Herzen zu nehmen.

Karlstadt und Müntzer können als reformatorisch initiative Theologen und Prediger als Beispiel dafür genommen werden, dass man von mystischen Texten je nach eigener Geisteshaltung einen durchaus unterschiedlichen Gebrauch machen kann – einst wie heute. Karlstadt gehört zu den ersten Wittenberger Professoren, die anfangs die Sache Luthers zu ihrer eigenen gemacht haben. War er es doch, unter dessen Geleit als Dekan der theologischen Fakultät Luther zum Doktor der Heiligen Schrift (1512) promoviert wurde. Das ermöglichte dem Ordensmann, nun auch auf akademischer Ebene an der Ausbildung junger Theologen mitwirken zu können. Das stellte naturgemäß einen wichtigen Beitrag zur Einführung der Reformation dar.

Doch das ist nur ein Aspekt. Denn diese positive Einschätzung Luthers durch Karlstadt hinderte diesen in scholastischer Theologie und im römischen Recht gründlich Geschulten nicht daran, seine eigenen Anschauungen neben Luther temperamentvoll zur Geltung zu bringen. Er trug wirkungsvoll dazu bei, den mit und nach dem Thesenanschlag in Gang gekommenen reformatorischen Prozess mit großer Entschiedenheit voranzutreiben. Das geschah in einem Augenblick, als nach dem Wormser Reichstag von 1521 allerlei innerreformatorische Probleme aufgetaucht waren. Andreas Karlstadt war es dann, der während Luthers unfreiwilligem Wartburg-Aufenthalt mit großem, vielleicht zu großem Elan voranging. Ohne sich mit Luther abgesprochen zu haben, führte er in Wittenberg die deutsche Messe in „beiderlei Gestalt“ ein. Das heißt: War bei der Feier des

Abendmahls der Kelchempfang bis dahin allein dem Priester vorbehalten, so reichte Karlstadt der wohl einigermaßen unvorbereiteten Gemeinde Brot und Wein. Das sorgte für Aufregung. Der noch auf der Wartburg weilende Luther konnte diesen Aktionismus im Nachhinein nicht gutheißen. Er fürchtete, die Gemeindeglieder könnten angesichts dieser Voreiligkeit überfordert werden. Ähnlich verfuhr Karlstadt mit dem traditionellen, offensichtlich überladenen Bilderschmuck in der Kirche, wie immer der von ihm initiierte Wittenberger „Bildersturz“ konkret ausgesehen haben mag. Bilder hielt er für überflüssig, weil er meinte, dass sie vom Gehalt des Evangeliums ablenken können. Selbst die obligatorischen Priestergewänder hielt er für entbehrlich. Dafür drängte er auf die Anwendung mystischer Anschauungen, wenn er beispielsweise sagte:

Es ist ja ganz unmöglich, dass einer Gottes Freund oder Sohn werde, ohne die inwendige und heimliche Offenbarung Gottes. Ebenso wenig kann es geschehen, dass einer Gottes äußerliches Wort annimmt und für ein Wort des Bräutigams … hält, wenn sich Gott nicht zuvor oder gleichzeitig im inneren[50] Gehör mit seinem hellen und lichten Strahl offenbart, soviel dass er hören kann, wer Gott ist, [und] was er will.[51]

Ein solches Verständnis spiritueller Innerlichkeit samt den daraus gezogenen praktischen Konsequenzen stieß jedoch auf Luthers energischen Widerstand, wiewohl eine gewisse Korrespondenz zwischen beider Spiritualität zumindest in diesem Punkt nicht zu leugnen sein wird. Vom „inneren“

50 Bei Iserloh steht hier irrtümlich: äußerlichen.

51 Andreas Karlstadt, zit. bei Erwin Iserloh, in: Hubert Jedin (Hrsg.), Handbuch der Kirchengeschichte, Freiburg 1967, Bd. IV, 125.

und vom „äußeren Wort" weiß natürlich auch Luther. Sie gehören für ihn zusammen. Allein die Akzentuierung in der wechselseitigen Beziehung zwischen dem geistlichen Innen und dem zeitbedingten, damit vergänglichen Außen weist zum Teil erhebliche Unterschiede auf. Wohl kann man davon sprechen, dass Luther an einer sachgemäßen „Verhältnisbestimmung" (P. Zimmerling) zwischen reformatorischem Verständnis und mystischer Deutung gelegen war. Eine wechselseitige Entfremdung zwischen beiden Männern wurde darüber unvermeidlich. Das hing zu einem nicht geringen Grad von der charakterlichen Eigenart der Beteiligten ab, eben auch von der Martin Luthers oder Thomas Müntzers. Siegreich blieb der beim Landesherrn geschätzte einflussreiche Luther. Karlstadt war gezwungen, das Feld zu räumen und Sachsen zu verlassen.[52]

Im Fall von Thomas Müntzer, der als engagierter Prediger in den kursächsischen Städten Zwickau und Allstedt jeweils nur kurzzeitig tätig sein konnte, nahm der Widerspruch noch stärkere Formen an. In Müntzers Aktivismus verbanden sich mystische mit eschatologisch-endzeitlichen und apokalyptischen Elementen, wie er sie während eines Aufenthalts in Prag bei den Nachfahren des vorreformatorischen Jan Hus (gestorben 1415) und den böhmischen Taboriten wahrgenommen hatte.[53] *Theologie und fromme Innerlichkeit, die sich für das Wirken des Heiligen Geistes*

52 Gegner aus den eigenen Reihen: Karlstadt und Müntzer, in: Heinrich Bornkamm, Martin Luther in der Mitte seines Lebens, Göttingen 1979, 133–165.

53 Jan (Johannes) Hus gilt als der böhmische Reformator, der im Jahrhundert vor Luther und Müntzer eine religiös-revolutionäre Bewegung in Gang gesetzt hat, jedoch entgegen kaiserlicher Zusicherung während des Konzils in Konstanz 1415 als Ketzer verbrannt wurde. Vgl. Gerhard Wehr, Jan Hus. Ketzer und Reformator, Gütersloh 1979.

offenhält, verbanden sich bei Müntzer mit ganz praktischen sozialethischen Zielsetzungen zugunsten der Kleinen Leute, der Lohnabhängigen und durch vielfältige Frondienste belasteten Bauern. Der deutsche Bauernkrieg von 1524/25 bot ihm in Mitteldeutschland den vorgegebenen Wirkungszusammenhang. Über dem Geschehen liegt eine große Tragik. Denn Müntzer unterlag, und Luther war mit der Niederschlagung der Bauernaufstände sowie mit dem gewaltsamen Ende seines einst glühenden Parteigängers, dann seines unversöhnlichen Widersachers, ausdrücklich einverstanden! Schließlich war er es auch, der die sächsische Obrigkeit zur Vernichtung Müntzers aufgefordert hatte! Unbestritten ist aber der durch ihn, den BauernkriegsPrediger, verkörperte spirituell-mystische Impuls, wenn er beispielsweise in seinem Prager Manifest von 1521 schreibt:

Wo der Same [des Wortes Gottes] auf den guten Acker fällt, das ist in die Herzen, die der Furcht Gottes voll sind, das ist dann das Papier und das Pergament, darein Gott nicht mit Tinte, sondern mit seinem lebendigen Finger schreibt: die rechte Heilige Schrift, die die äußere Bibel dann recht bezeugt ... als die lebendige Rede Gottes, da der Vater den Sohn im Herzen des Menschen anspricht.[54]

Das rechte Verständnis der Bibel setzt demnach eine adäquate innere Erfahrung voraus. Und es ist derselbe Gott, der da wie dort das Wort ergreift. In einer seiner liturgischen, mit Blick auf die Deutsche Messe verfassten und der Erneuerung dienenden Schriften (1523) dringt Müntzer

54 Thomas Müntzer, Schriften und Briefe, hrsg. von Gerhard Wehr, Frankfurt 1973, 44.

darauf, dass der Christ für den äußeren Vollzug des Sakraments die angemessene innere Einstellung gewinnen müsse:

Er soll wissen, dass Gott in ihm sei, dass er nicht etwas ausdichte oder ersinne, als sei er tausend Meilen von ihm entfernt, sondern [vielmehr erkenne], wie Himmel und Erde, voll, voll von Gott sind und wie der Vater den Sohn in uns ohne Unterlass gebiert und der Heilige Geist nichts anders als den Gekreuzigten in uns durch herzbewegende Betrübnis [Betroffenheit] erklärt.[55]

Die Gottesgeburt im Seelengrund, das ist das große Thema, wie es vor allem bei Meister Eckhart und seiner Schule zur Sprache gekommen ist. Wie Luther im Einzelnen über derlei Verlautbarungen seines widerborstig erscheinenden Kollegen gedacht hat, wissen wir nicht. Schließlich lief alles auf einen unversöhnlichen Gegensatz hinaus.

Man lasse die Geister aufeinander platzen und treffen ... Denn wir, die das Wort Gottes führen, sollen nicht mit der Faust streiten ... Predigen und leiden ist unser Amt, nicht aber mit Fäusten schlagen und sich wehren.[56]

Merkwürdig, dass Luther zwar einerseits mit der Streitbarkeit der Theologie rechnet, sich selbst herzhaft daran beteiligt und eine geistliche Regulierung befürwortet hat, in der konkreten Situation aber andererseits seinem eigenen Ansatz widersprach, indem er Gewalt gegen die ausüben ließ, die ihm wie Karlstadt oder Müntzer sowie manch

55 Thomas Müntzer: Ordnung und Berechnung des Deutschen Amtes zu Allstedt, in: ders., Schriften und Briefe, aaO., 58.

56 WA 15, 219, zit. bei Iserloh bzw. Jedin, aaO., 130.

anderer im Wege standen. In seinem Büchlein „Wider die himmlischen Propheten“[57] (1524 /25) hat Luther seinem Unwillen mit der ihm eigenen Vehemenz und gelegentlichen Maßlosigkeit Luft gemacht, indem er in Karlstadt wie in Müntzer Inkarnationen des Satans und Träger eines mörderischen Geistes meinte erkennen zu müssen. Dieser abstoßenden Karikatur seiner noch bis vor relativ kurzer Zeit geachteten Kollegen fügt er die Vermutung hinzu, sie hätten die Stufen des von ihnen beschrittenen mystischen Innenwegs noch bei Weitem nicht durchlaufen. Die Rede war in den Schriften Müntzers von der „Entgröbung“ in Gestalt eines Verzichts auf grobe Sünden. Dazu gehörten vor allem „Gelassenheit“ und „Studierung“, worunter eine meditative Einwurzelung guter Vorsätze ebenso verstanden wurde wie die „Besprengung“ mit dem Heiligen Geist, die die Vereinigung mit Gott herbeiführen möge. Mit dem bloßen Abtun äußerer oder zur Veräußerlichung anregender Bilder, wie sie Karlstadt und Müntzer in Szene setzten, ist offensichtlich nicht das getan, was die von Luther in den Blick gefasste Reformation meint. Die müsse tiefer ansetzen. Dazu Luther:

Es wäre mein Rat, dass man den großen Heiligen von den Sünden hülfe[58]... Denn so sie [die „Bilderstürmer“ Karlstadt und Müntzer] wohl den Bildern feind sind, ist doch zu besorgen, sie seien noch nicht so weit [genug] entgröbert, noch in die Studierung und Verwunderung und Besprengung gekommen, dass sie dieselbigen von sich selber weg könnten werfen. Ist auch vielleicht die Menschheit noch

57 Teil I: WA 18, 62 ff. – MÜ 4, 71-122. Teil II: WA 18, 134 ff. – MÜ 4, 205 – 274.

58 Gemeint ist dies wohl im Sinne einer gewissen Entlastung.

so schwach, dass auch die lebendige Stimme vom Himmel nicht genug sei. Es hat noch einen Fehler mit diesem Bilderstürmen, dass sie selbst ohne Ordnung dreinfallen und nicht mit ordentlicher Gewalt[59] fahren, wie denn ihre Propheten stehen, schreiben und hetzen den Pöbel. (MÜ 4, 78)

Was die Bilder als solche anlangt, auf die das spirituelle Leben gar nicht verzichten kann, so verweist Luther darauf, wie bereits die Bibel, somit auch das von ihm jüngst verdeutschte Neue Testament, voll von Bildern, Symbolen und Gleichnissen ist. Engel, Menschen und Tiere kommen darin vor, vor allem in den dramatischen Bildfolgen der Offenbarung Johannis. Deren Zeichen- und Hinweischarakter schätzte er hoch ein, sodass er es für empfehlenswert hielt, sie den Menschen nach wie vor zugänglich zu machen, damit sie zu einem besseren, tieferen Verständnis des Evangeliums und des Wortes Gottes überhaupt gelangen.

Es ist ja besser, man male an die Wand, wie Gott die Welt schuf, wie Noah die Arche baute und was mehr guter Historien sind, denn dass man sonst irgend weltlich unverschämte Dinge male. Ja wollte Gott, ich könnte die Herren und die Reichen dahin bereden, dass sie die ganze Bibel inwendig und auswendig an den Häusern vor jedermanns Augen malen ließen. Das wäre ein christliches Werk. (WA 18, 82 – 83)

Was Luther an den „himmlischen Propheten" am meisten stört, ist freilich nicht allein deren Berufung auf die mysti-

59 Unter „ordentlicher Gewalt" verstand Luther die von der Obrigkeit ausgeübte Gewalt, wogegen er ein Widerstandsrecht der Untergebenen, etwa der ausgebeuteten Bauern, prinzipiell ausschloss.

sche Erfahrung, wiewohl er sie wegen ihrer „Geisterei“, d.h. wegen ihrer besonderen Betonung des spirituellen Aspekts in Kirche und persönlicher Frömmigkeit, verspottet. Es ist vor allem die Verquickung dieser Anschauung mit einer von ihm befürchteten neuen Gesetzlichkeit und Askese, die die errungene Freiheit des Christenmenschen wiederum verrate oder außer Kraft setze. Das entspräche einem Rückfall in alte Formen der mittelalterlichen Spiritualität. Das Gesetz Mosis sei doch überwunden. Daher Luthers Erwiderung, die keinerlei Kompromiss Raum gibt:

Ehe ich dem seelenmörderischen Geist [gemeint ist Dr. Karlstadt] wollte ein Haarbreit oder einen Augenblick weichen, unsere Freiheit zu lassen, wie sie Paulus lehrt, ich wollte eher noch morgen so ein gestrenger Mönch werden und alle Klosterei so festhalten, als ich je getan hab. Es ist hier kein Scherz mit der christlichen Freiheit. Die wollen wir so rein und unversehrt haben als unseren Glauben, wenn selbst ein Engel vom Himmel [käme und] anderes sagte. Sie hat unserm lieben Heiland und Herrn Jesus Christus zu viel gekostet. So ist sie uns auch allzu not, wir mögen ihr bei Verlust der Seligkeit nicht entraten … Dr. Karlstadt ist aus dem Reich Christi gefallen und hat Schiffbruch am Glauben erlitten. Darum will er uns auch heraus haben in die Werke[60], und will schlechthin auch Galater aus uns machen.[61] Denn siehe doch, lieber Mensch, welch eine grobe Blindheit das ist. (MÜ 4, 115 und 119)

---

60 Gemeint ist ein angeblicher Rückfall in die alte Werkgerechtigkeit.

61 Im Galaterbrief (Kap. 5) fordert Paulus dazu auf, in der von Christus geschenkten Freiheit zu bestehen und nicht länger unter dem knechtischen Joch des mosaischen Gesetzes zu verbleiben.

Einen weiteren Streitpunkt stellt die Frage nach der geistlichen Grundlage des Altarsakraments dar. Während Andreas Karlstadt und die übrigen sogenannten Spiritualisten darauf pochen, dass es einzig und allein auf die spirituelle, auf die mystische Dimension ankomme, dass man auf das leibliche Essen und Trinken beim Abendmahl notfalls auch verzichten könne, hält Luther an der Doppelgestalt der sakramentalen Christus-Gegenwart in Brot und Wein fest. Die ist ihm einerseits ebenso wichtig wie seinen Kontrahenten, nämlich dass die Messe, das heilige Abendmahl, in der Muttersprache gefeiert werde, damit die Gemeinde auch gedanklich daran Anteil haben könne. Dabei handelt es sich um eine Forderung, der sowohl Karlstadt als auch Müntzer nicht nur zustimmen, sondern der sie sogar noch vor Luther tatsächlich entsprochen haben. Schließlich war es Thomas Müntzer, der als Pfarrer von Allstedt zeitlich noch vor Luther die Deutsche Messe vollzogen hat! Wichtig ist andererseits auch Luther, dass Wort und Sakrament „ins Herz" eingesenkt werden. Auf diese Weise wird an der mystischen Vergegenwärtigung der Heilstat Christi festgehalten. Man sollte meinen, dass der Reformator zumindest in dieser Hinsicht seinen theologischen Gegnern sehr viel näher war als er vielleicht selbst wahrhaben wollte. Umso unverständlicher erscheint seine Aggressivität, mit der er Andersdenkenden entgegengetreten ist. – Auf die Zusammengehörigkeit des Inneren und des Äußeren, also auf die Unverzichtbarkeit der sichtbaren Zeichen, legte Luther somit stets großen Wert.

Nun geben wir niemand das Sakrament, er verstehe denn die Worte im Sakrament, wie man wohl weiß ... Denn wer mit solchem Verstand zum Sakrament geht, dass er die Worte deutsch und deutlich im Herzen hat: „Nehmet hin und esset, das ist mein Leib“, welches er aus den vorangehenden Predigten lernt und merkt und dann hört nicht nur Zungen reden[62], sondern [mit] rechtem Verstand. Wiederum: wer sie nicht ins Herz fasst und versteht, noch darauf das Sakrament empfängt, dem hilfts nicht, wenn tausend Prediger um seine Ohren her stünden und schrien sich toll und töricht mit solchen Worten ... Denn wenn wir nun gleich die deutsche Messe überkommen [übernehmen], wird doch nicht genug sein, dass man die Worte im Sakrament auf Deutsch redet ... ehe man das Sakrament empfängt, dass sie hinzugehen, müssen doch im Herzen haben und nicht [nur] in den Ohren. (MÜ 4, 121 f.)

Im nachgereichten zweiten Teil von „Wider die himmlischen Propheten“ gibt Luther nochmals seiner Überzeugung Ausdruck. Er tut es in kaum geänderter Form. Demnach müssten „Glaube und Geist inwendig in gutem Gewissen“ bewahrt werden. Um der Realpräsenz Christi willen und wohl auch aus Rücksichtnahme gegenüber geistlich ungeübten Menschen gelte es, an den äußeren Formen des sakramentalen Vollzugs festzuhalten. Daraus ergibt sich:

So nun Gott sein heiliges Evangelium hat ausgehen lassen, handelt er mit uns auf zweierlei Weise. Einmal äußerlich, das andere Mal innerlich. Äußerlich handelt er mit uns durchs mündliche Wort des Evangeliums und durch leibliche Zeichen, als da ist Taufe und [Altar-]Sakrament. Innerlich handelt er mit uns durch den Heiligen Geist und Glauben samt anderen Gaben. Aber das alles nach Maß und

62 Eine Anspielung auf das in urchristlichen Gemeinden wie Korinth gelegentlich spontan auftretende Zungenreden, das seiner Unverständlichkeit wegen der begleitenden Deutung bedarf.

Ordnung, dass die äußerlichen Stücke sollen und müssen vorangehen und die innerlichen hernach und durch die äußerlichen kommen, also dass ers beschlossen hat, keinem Menschen die innerlichen Stücke zu geben ohne durch die äußerlichen Stücke. Denn er will niemand den Geist noch Glauben geben ohne das äußerliche Wort und Zeichen, das er dazu eingesetzt hat. (MÜ 4, 207)

Weil Luther seinen protestantischen Widersachern eine Verkehrung der göttlichen Ordnung unterstellt, ja weil er gewiss ist, dass jene Abweichler das äußere Wort der Schrift und die sichtbaren Zeichen (etwa Brot und Wein) missachten und „einen innerlichen Geist" daraus gemacht hätten, von dem in der Bibel nichts zu finden sei, wirft er ihnen vor, mit der Berufung auf die innere Erfahrung Schindluder zu treiben. Er lässt sich in seiner Erwiderung insbesondere auf Karlstadts Äußerungen zu Worten hinreißen, die in der Sache wie im Ton bestürzen. Sie könnten für sich genommen als eine Absage an die mystische Dimension als solche missdeutet werden. Karlstadts insistierendes Reden vom „Geist" empfindet er als eine geradezu widergöttliche Handlung. Die reiße alles nieder, „Brücken, Steg und Weg". Und was die Stadien eines mystischen Innewerdens betrifft, so unterscheide es sich nicht von fragwürdigem „Gaukelwerk". Selbst unklare Träume würden mit dem reinen Gotteswort gleichgesetzt. Aus dem Folgenden ergibt sich immerhin, dass für Martin Luther der Glaube als rückhaltloses Vertrauen auf die Erlösungstat Christi – somit als eine Glaubensmystik begreifbar – die wahre Innerlichkeit darstelle. Die kann und darf der Reformator nicht preisgeben. Seine hohe Einschätzung der Mystik besteht indes zweifellos fort, denn:

Was Gott innerlich ordnet, als den Glauben, das gilt [ihnen] nichts. Sie fahren zu und nötigen alle äußerlichen Worte und die Schrift, die auf den innerlichen Glauben dringen, auf eine äußerliche neue Weise, den alten Menschen zu töten, und erdichten allhier [Begriffe wie] Entgröbung, Studierung, Verwunderung, Langeweile[63] und des Gaukelwerks mehr, da nicht ein einziger Buchstabe davon in der Schrift steht. Daher plumpst mein Karlstadt herein wie eine Sau, die nun Perlen gefressen, und wie ein Hund, der das Heiligtum verschlungen hat, und zerreißt alles, das Christus redet, und setzt vom innerlichen Glauben auf solche äußerlichen, erdichteten Werke, sogar auch, dass er aus dem Abendmahl Christi und seinem Gedächtnis und aus der Erkenntnis Christi nichts anderes macht denn ein menschlich Werk. (MÜ 4, 208 f.)

8. Elemente der Brautmystik

Wenngleich ein Großteil der Äußerungen zum Thema Mystik aus der besprochenen frühen Schaffensperiode Martin Luthers stammen, so ist nach dem bisher Gesagten daraus nicht etwa zu schließen, dass er auf der Höhe seiner Wirksamkeit auf den Gebrauch mystisch zu deutender Bilder verzichtet und der mystischen Spiritualität als solcher den Abschied gegeben hätte. Davon kann nicht die Rede sein. Die Strahlkraft mystischer Ergriffenheit mag während seiner Auseinandersetzung mit den sogenannten „himmlischen Propheten“, mit Andreas Bodenstein-Karlstadt, Thomas Müntzer und anderen, verdunkelt worden sein,

63 Hier als mystische Zeitlosigkeit verstehbar.

aber bedeutungslos oder unwirksam geworden ist sie für ihn nicht. Dafür gibt es mancherlei Belege. Sie finden sich unter anderem in Predigten und Betrachtungen, in denen das bereits besprochene Doppelmotiv von Braut und Bräutigam erneut zur Geltung kommt. Es handelt sich um die an das alttestamentliche Hohelied anknüpfende Brautmystik, wie sie bereits in „Von der Freiheit eines Christenmenschen" (1520) angeklungen ist.

Eine solche Stelle findet sich in einer Psalmen-Auslegung, die auf das Jahr 1532 zurückgeht.[64] *Der mystischen Gestimmtheit dieses Textes entspricht eine Auslegung, in der Luther sich der allegorischen Redeweise bedient; das heißt, er erklärt den biblischen Wortlaut so, dass er über die Bedeutung der einzelnen Worte betrachtend, sie vergegenwärtigend nachsinnt. Er nennt dies eine „heimliche", den spirituellen Sinngehalt erhebende Auslegung.*

Doch im Laufe der Jahre ist ihm – gerade nach den Erfahrungen mit den „Spiritualisten" – die wörtliche Bedeutung immer wichtiger geworden. Ihm kam es auf Lebensnähe und Konkretheit an, theologisch gesprochen: Wichtig war ihm die Glaubenstatsache der Inkarnation und die Selbsterniedrigung (Deszendenz) Gottes in Jesus Christus gemäß Phil 2,8. Und was das Brautmotiv in Psalm 45, Vers 10 betrifft:

In deinem Schmuck gehen der Könige Töchter. Die Braut stehet zu deiner Rechten in eitel köstlichem Golde. (Ps 45,10)

Darauf die Erwägungen des Predigers:

---

64 WA 40/II, auszugsweise in Ruhbach/Sudbrack (Hrsg.), Christliche Mystik, aaO., 276–284. Die Seitenzahlen in Klammern hinter den Zitaten beziehen sich auf diese Ausgabe.

Er malt hier die Braut, die Hochzeit und das Frauengemach ab, denn das gehört zu der Hochzeit, da er spricht, dass der Könige Töchter geladen da sind und alle in des Königs Farbe einhergehen. Ich verstehe aber hier [die Worte] „der Könige Töchter" schlicht [d.h. buchstäblich], wie die Worte an sich selbst lauten. Denn das Evangelium beruft nicht nur die geringsten Leute, wie Paulus im 1. Korintherbrief spricht, sondern auch die Edlen und Vornehmsten in der Welt. Und wiewohl nicht viel Gewaltige dem Evangelium glauben, werden doch nicht nur die armen und geringen Leute, sondern auch etliche Fürsten berufen, welche zu dem Glauben kommen; und es sind nicht alle Reichen und Gewaltigen des Teufels, sondern Gott hat auch einen Teil an den Fürsten.[65] (277)

Zu dieser wörtlichen Deutung stellt er die von ihm als „heimlich" bezeichnete mystische Auslegung. Daher räumt er in allegorischer Rede ein, dass diese Aussageweise dann ihre Berechtigung hat, wenn durch sie in gleichnishafter Weise einsichtig wird, worin Predigt und Gebet bestehen:

Wem nun die heimliche Deutung mehr gefällt, der mag derselbigen [in dem Sinne] nachfolgen, dass er hier auch die geringsten Leute Könige heißt, welche Kronen auf ihrem Haupt haben, wie die Kirche in St. Johannis Offenbarung gemalt wird; dass eine jegliche Seele des Königs Tochter sei,

65 Im Magnificat und in Luthers Magnificat-Auslegung war noch davon die Rede, dass Gott die Gewaltigen vom Thron stürzt und dass er sich der geringen Leute annimmt. Inzwischen weiß es der in kaiserlicher Acht und Bann des Papstes stehende Reformator zu schätzen, dass sein sächsischer Landesherr und andere protestantisch gesinnte Reichsfürsten seine Sicherheit und Unversehrtheit gewährleisten. Diese positive Erfahrung mag sich hier bemerkbar machen.

denn der Glaube an Christus Jesus ist die Krone. Die Harfe aber in den Händen ist die Predigt, durch welche Christus durch die ganze Kirche verkündigt wird, dass also ein jeglicher Prediger ein Harfenschläger Gottes sei. So haben sie auch Räuchergefäße, welche das Gebet bedeuten. Denn das sind die zwei vornehmsten Stücke in der Kirche, die Predigt und das Gebet, welche unser Opfer und Dienst sind, die allein Gott zugehören und durch welche wir Priester werden. (277 – 278)

Luther geht den obigen Psalmvers entlang und unternimmt es, die einzelnen Bildworte Zug um Zug aufzuschließen, teils durch „heimliche Auslegung", wenn er etwa unter „der Könige Töchter" die Christenheit in ihrer Gesamtheit oder traditionsgemäß die einzelne gläubige Seele versteht. Dabei muss er jedoch einräumen, dass ihm eine solche Deutung in Anwendung der allegorischen Auslegung insofern problematisch erscheint, als sie „im Allgemeinen von der Wahrheit und von dem einfältigen Verstand des Glaubens und der Schrift" wegführen. Aber ganz ohne Bilder kann und will der Prediger ebenso wenig auskommen wie die Schrift selbst. Wenn daher vom „Schmuck" der Königstöchter gesprochen wird, denkt er etwa an „die Krone des Glaubens" und an Liebe, Hoffnung und Geduld als Ausdruck für die kostbaren Kleider der im Psalm genannten Königstöchter. Von da geht die Betrachtung zu den Hauptpersonen, nämlich zu Braut und Bräutigam, und überträgt das Gesagte auf die Kirche.

Die Königin, seine Gemahlin, nennt er die Braut. Dieselbige steht in eitel köstlichem Golde. Diese Braut ist die Kirche und die ganze Gemeinschaft, besonders insoweit sie aus der Synagoge und dem Judentum genommen ist … Es ist aber die eine Braut, aus allen diesen Gliedern, aus Königen, Fürsten, geringen, armen Leuten, Jungfrauen, Eheleuten, aus diesen allen versammelt, nämlich die Kirche. Das ist aber allgemein bekannt, dass Christus der Bräutigam und die Gemeinde die Braut sei, wie Epheser 5, 31 f. [zu lesen ist]. Denn durch die Taufe und das Wort des Evangeliums beruft er sie, schmückt und bekleidet sie mit seiner Barmherzigkeit, Gnade, Vergebung der Sünden. Das ist, was er sagt: „Zu deiner Rechten".

Das ist ein sehr großes Lob, und es ziemt sich auch, dass niemand dem Bräutigam näher sei als die Braut. Darum ist das das Größte, dass die Gemeinde alles dasjenige hat, was des Herrn Christus ist. Und es ist *ein* Leib aus allen beiden geworden. Das, was der Kirche ist, dasselbige sei auch des Herrn Christus; und wiederum, was Christus hat, dasselbige habe auch die Kirche.

Diese Dinge aber sind größer als ein Mensch angemessen aussprechen oder auch mit dem Herzen fassen kann. Jedoch werden sie durch den Ehestand von Ferne angedeutet. Denn wo die allergrößte Liebe zwischen Braut und Bräutigam ist, das ist *eine* Treue, *ein* Leib, *ein* Sinn und Gemüt.

Zwischen Christus aber und der Kirche ist das alles wahrhaftig vorhanden. Denn der leibliche Ehestand ist nur eine Figur [oder Gleichnis] und Andeutung dieser geistlichen Hochzeit, wo Christus der Bräutigam ist und alles der Kirche schenkt, was er hat. Darum ist das der christlichen Gemeinde Stolz, dass sie sich nicht ihrer Weisheit und Gerechtigkeit, sondern der Gerechtigkeit und Weisheit ihres Bräutigams, des Herrn Christus und alles dessen, was er hat, rühmen. Denn in dem leiblichen Ehestand, wenn Mann und Frau sich verehelichen, da wird *ein* Leib, *ein* Gut daraus.

Die Kinder und alles andere ihrer sind beider. Die Frau ist ebenso Herr über des Mannes Gut wie der Mann selbst; und ist kein Unterschied zwischen ihnen, außer dass der Mann der Herr der Frau ist. Gegenüber den anderen aber, welche nicht die Hauswirte sind, sondern das Hausgesinde, da ist das Weib genauso Herr über alles wie der Mann ... (279)

Es fällt auf, dass Luther das Verhältnis von Braut und Bräutigam – ähnlich wie schon in der oben zitierten Freiheitsschrift – weniger auf die erotische Innigkeit der Beziehung abstellt, wie sie sich aus der Vereinigung der beiden Geliebten im Hohenlied ergibt. Insofern besteht auch ein deutlicher Unterschied etwa zur mystischen Liebesdichtung der Mechthild von Magdeburg.[66] *Martin Luther ist auffälligerweise an den Gaben gelegen, die die beiden Partner einander als Besitzgüter übereignen. Das mag der allgemeinen Interessenlage seiner Zeit entsprechen. Für den Reformator sind es keine anderen Dinge als die der Gottesgabe Gerechtigkeit und Liebe, von der sich mit der Vergebung aller Sünden das neue Leben in Christus herleitet. Für den in dieser Hinsicht sehr realistisch an Hab und Gut Denkenden liegt hier der „ganze Schatz“, der von Christus kommt. Luther will deutlich machen, dass es solcher aus der Liebesbeziehung stammender Bildvergleiche bedurfte, um das Wesen der christlichen Kirche zu beschreiben.*

Denn die Vergebung der Sünden und der ganze Schatz der göttlichen Barmherzigkeit haben nicht herrlicher uns ge-

66 Vgl. hierzu Gerhard Wehr (Hrsg.), Mechthild von Magdeburg: „Das fließende Licht der Gottheit“. Kommentar von Gerhard Wehr, Wiesbaden 2010.

zeigt und abgemalt werden können, als dass die Kirche eine Braut Christi genannt wird. Denn aus solchem Bild folgt das, dass die Braut alles hat, was des Herrn Christus ist. Was hat aber der Herr Christus? Das hat er: Nämlich die ewige Gerechtigkeit, Weisheit, Gewalt, Wahrheit, das Leben, die Freude und Gnade. Darum ist die Kirche auch Herr und Königin über die Barmherzigkeit, das Leben, Seligkeit und alles andere ... Dies alles aber habe ich nicht von mir, noch durch meine Kräfte, sondern durch Jesus Christus, meinen Bräutigam. (280 – 281)

Auf den ersten Blick unterscheiden sich diese Ausführungen kaum von den Phrasen einer lehrhaften Predigt, die der hörenden Gemeinde theologische Erwägungen mitteilen will. Tatsächlich ist es dem Prediger dieser Psalmenauslegung aber darum zu tun, dass das Gesagte von der Hörerschaft innerlich angeeignet wird. Das Anzueignende gilt es in den Grund des Herzens aufzunehmen, was sich letztlich einer nur rationalen Begreifbarkeit entzieht, weil es das menschliche Verständnis übersteigt.

Gefordert ist daher eine Aktivität des inneren Menschen. Deshalb der Appell zur immer tiefer eindringenden Meditation und schließlich zur wortlosen Kontemplation.

„Ergreife ihn!“ Ergreife das Leben, das der Christus ist! Es reicht über äußerlich verfügbare Güter und Gaben hinaus. Das besagt Luthers Rat, man solle die Worte des Heiligen Geistes „recht bewegen“. Schlägt man die Weihnachtsgeschichte des Lukasevangeliums auf und liest, wie Maria als junge Mutter die Ereignisse der Christgeburt aufgenommen und empfunden habe, dann begegnen wir bei Lk 2,19 in der Verdeutschung Martin Luthers denselben Vokabeln, denn er übersetzt: „Maria behielt alle diese Worte und bewegte sie

in ihrem Herzen."[67] *Unschwer lässt sich eine Brücke schlagen zu der „Gottesgeburt im Seelengrund", wie wir sie von Meister Eckhart und in anderer Form in Johannes Taulers Weihnachtspredigt*[68] *kennen. Und auf seine solche mystische Herzenserfahrung setzt auch Martin Luther.*

Darum sind das große und teure Worte, wenn du hörst, dass Jesus Christus ein Bräutigam und die Kirche die Braut sei. Ja, es sind göttliche und unausgründbare Worte, welche kein menschliches Herz begreifen und bei welchem man nie auslernen kann. Deshalb, welche sich rühmen, dass sie die Dinge wissen und verstehen, zu denen sprich, dass sie nur einen Klang und Laut von dieser Lehre gehört und wie von ferne nur einen Rauch davon gesehen haben. Die Sache aber an sich selbst verstehen sie gar nicht! Das sage ich aber darum, dass ich euch reize, diese Worte des Heiligen Geistes recht zu bewegen und zu bedenken, welche er uns zu Trost so redet, damit wir lernen, diese Worte hoch zu halten und weit auszubreiten. Denn es ist niemand, der in dem Teil allzu kühn sei und Christus allzu stark ergreifen möchte. Hier ist nichts zu viel. (282)

Und nun nochmals der eindringliche Appell, die Intensität des Innewerdens immer noch zu steigern, geht es doch letztlich um das Leben und um das Heil in Christus! Abgesehen davon kennt Luther auch die Empfindung eines „Hochgefühls" als Ausdruck der zugrundeliegenden Erfahrung.

67 Der griechische Text gebraucht das Verb symbállein, zusammenfügen. Und um nichts anderes handelt es sich im meditativen Geschehen.

68 Johannes Tauler, Predigten, Band I, hrsg. von Georg Hofmann, Einsiedeln 1979, 13 ff.

Ergreife ihn, so fest du kannst, so wirst du doch sehen, dass dir noch etwas fehlt und du diesem Bräutigam gar nicht so sehr vertrauen magst, wie er von dir fordert und uns vonnöten ist. Denn das ist der Satan, die Sünde, unser Fleisch und Blut, unsere Vernunft. Dieselben widerstreben diesem Greifen. Jedoch so du ihn erwischest, es sei viel oder wenig, so hast du den Bräutigam und durch ihn das Leben und die Seligkeit ...

Denn wir sind alle wahrhaftige Könige ... und tragen alle goldene Kronen, aber durch den Glauben; welcher Gläubige mit den Erscheinungen [d.h. Widerständen], die ihm entgegen sind, stets ficht [kämpft] und ringt. Deshalb ist nichts schwerer als dieses geistliche Hochgefühl, welches in Christus ist. Und wollte Gott, dass wir dieses Hochgefühl lernen und einüben können!

Darum lasst uns alle zuerst dessen befleißigen, dass wir Christus wohl lernen erkennen, dass wir uns diesen Triumpf, Sieg, Majestät und Herrlichkeit, welche wir in Christus haben, mit allem Hochgefühl zueignen. (282 – 284)

Bleibt nur noch anzumerken, dass Luther im Laufe seiner Auslegung zwar dem Wortsinn des Psalm den Vorzug geben möchte, schließlich aber doch zu einer „heimlichen“ oder spirituell-allegorischen Sinngebung übergeht.

9. Zeugnisse spiritueller Erfahrung und mystischer Theologie

Die mystische Theologie ist eine auf Erfahrung, nicht auf Lehre bezogene Weisheit (*sapientia experimentalis et non doctrinalis*).

Mit diesen Worten hat Martin Luther in knapper Form zum Ausdruck gebracht, worauf letztlich sein eigener Glaubens- und Erkenntnisweg beruht. Es ist ein Weg, der analog zum Fortgang des Reformationsprozesses wohl unterschiedliche Phasen aufweist, dessen Zielrichtung jedoch aufs Ganze gesehen klar ist. Es geht ihm um die Freiheit des Christenmenschen. Lebenslang beruft er sich hierbei auf die Schrift als die einzige der Christenheit zugängliche und alleinverbindliche Autorität. Er habe nichts anderes gesucht, „denn dass die Heilige Schrift und göttliche Wahrheit an den Tag käme", so liest man in der Vorrede zum Katalog der Schriften Luthers aus dem Jahre 1533. Und als er seine Vorrede zum ersten Band der Wittenberger Ausgabe seiner deutschen Schriften 1539 abfasst, wird diese zu einer praktischen Anweisung für das Christsein als solches und für sein Theologesein. Seiner Überzeugung nach kommt es entscheidend darauf an, die Heilige Schrift in großer Achtsamkeit zu lesen und auf die lebendige Stimme des Evangeliums (viva vox Evangelii) zu hören. Es duldet dabei keinen Zweifel, wo für ihn auch hier das Ereigniszentrum dieses Vorgangs liegt, denn:

Christus, der Meister, lehret im Herzen, doch durch das äußerliche Wort seiner Prediger, die es in die Ohren treiben, aber Christus treibts in das Herz. [69]

Das für ihn und für jeden im meditativen Umgang mit der Bibel Bedeutsame fasst Luther mit drei Punkten zusammen. Bemerkenswert ist auch seine Betonung der „tentatio" als

69 Martin Luther, Von beiderlei Gestalt des Sakraments, zit. bei Karl Gerhard Steck, Luther und die Schwärmer. Zollikon-Zürich 1955, 25.

Inbegriff eines existenziellen Betroffenseins, das über die bloße gedankliche Kenntnisnahme eines Textes weit hinausgeht:

Erstlich sollst du wissen, dass die Heilige Schrift ein solch Buch ist, das aller anderen Bücher Weisheit zur Narrheit macht, weil keines vom ewigen Leben lehret ohne dies allein ... Knie nieder in deinem Kämmerlein und bitte mit rechter Demut und Ernst zu Gott, dass er dir durch seinen lieben Sohn wolle seinen Heiligen Geist geben, der dich erleuchte, leite und Verstand gebe ...

Zum andern sollst du meditieren, das ist: nicht allein im Herzen, sondern auch äußerlich die mündliche Rede und das buchstabische Wort im Buch immer treiben und reiben, lesen und wiederlesen, mit fleißigem Aufmerken und Nachdenken, was der Heilige Geist damit meinet. Und hüte dich, dass du nicht überdrüssig werdest oder denkest, du habest es einmal oder zweimal genug gelesen, gehöret, gesagt und verstehest es alles zum Grund [d.h. gründlich]. Denn da wird kein sonderlicher Theologus nimmer mehr daraus, und sind wie das unzeitige Obst, das abfället, ehe es halb reif wird ...

Zum dritten ist da „tentatio“, Anfechtung. Die ist der Prüfstein; die lehret dich nicht allein wissen und verstehen, sondern auch erfahren, wie recht, wie wahrhaftig, wie süß, wie lieblich, wie mächtig, wie tröstlich Gottes Wort sei, Weisheit über alle Weisheit. (WA 50, 657 ff. – MÜ 1, 17 f.)

So sparsam der Reformator war, esoterische, das heißt als hingebungsvoller Beter tief innen veranlagte Eigenerlebnisse weiterzusagen oder gar damit zu prunken, so kannte er doch derartige Momente der Ekstase, wie er bereits in seinen Resolutionen zu den 95 Thesen durchblicken ließ. Er nannte dies bisweilen ein „Hineingerissensein des Geistes in die klare Erkenntnis des Glaubens“[70] *und bezeichnete es mit dem in der mystischen Tradition üblichen Terminus des „raptus“. Und wenn er den Glaubensakt als einen Akt des Einswerdens (unio) mit Christus begriff, nannte er diesen Glauben selbst einen solchen „raptus“. Insofern kann man von der Entfaltung einer jeweils an das Wort der Schrift gebundene Glaubensmystik bei Luther sprechen. In seiner Vorlesung über den Hebräerbrief (1517/18) heißt es hierzu:*

Der Christusglaube ... ist ein Hinweggenommen- [*raptus*] und Entrücktwerden [*translatio*] von allem, das innen und außen fühlbar ist, auf das hin, was weder innen noch außen fühlbar ist, eben auf Gott, den Unsichtbaren, gar Hohen, Unbegreiflichen ...

Der Glaube lässt ja das Herz heften und hängen an das Himmlische, lässt es ganz und gar hingerissen werden und verweilen in dem Unsichtbaren [*rapi et versari in invisibilibus*] ... Denn so geschieht es, dass der Gläubige zwischen Himmel und Erden hängt und „mitten zwischen den Grenzen“, wie Psalm 68,14 sagt, „schläft“, das heißt in Christus, in der Luft hängend, gekreuzigt wird. (WA 57, 3, 144 und 185)

Nicht unterschlagen darf man in diesem Zusammenhang Luthers kritische Äußerungen, die darauf hinauslaufen, dass Gott nicht wollte, dass wir mystischerweise „hingerissen,

70 WA 4, 265; vgl. Erwin Iserloh, Luther und die Mystik, in: Ivar Asheim (Hrsg.), Kirche, Mystik, Heiligung und das Natürliche bei Luther. Vorträge des Dritten Internationalen Kongresses für Lutherforschung, Göttingen 1967, 68 f.

sondern erprobt werden". Die Umarmung Christi meint jedenfalls nicht lieblichen Genuss, sondern, wie Luther drastisch hervorhebt, „Tod und Hölle" (mors et infernus). Nah sei uns Gott letztlich in der Menschheit Christi, und zwar in dessen vom Leiden zerfurchter Knechtsgestalt. Deshalb hält Luther nicht viel von jenen, die meinen, sich in Akten einer von vermeintlichen spirituellen High-Zuständen begleitenden Selbsterlösungsmanie eine Leiter in den Himmel bauen zu können. Und sollten sie es trotzdem schaffen, auf wen treffen sie da?

Wenn sie mit dem Kopf durch den Himmel bohren und sehen sich in dem Himmel um, da finden sie niemand, denn Christus liegt in der Krippe und in eines Weibes Schoß. So stürzen wir wieder [vom Himmel] herunter und brechen uns den Hals ... Deshalb fange unten an und nicht oben! ... In Christus sehe ich, was Gott in seinem heimlichen Willen hat. (WA 9, 406)

Damit verbindet der Ausleger die Abwehr jeglicher an den religiös verbrämten egoistischen Leistungswillen gebundener Werke, selbst wenn sie darauf abgestellt sein sollten, Christus im Sinne einer von der Devotio moderna her bekannten Imitatio ähnlich (conformitas) zu werden. Fragt sich nur, aus welcher Motivation heraus wir das Verlorene suchen!

Wer darum sich Christo nachbilden will als einem Vorbild, muss zuerst in festem Glauben fassen, dass Christus für ihn gelitten hat und gestorben ist als göttliches Zeichen [*sacramentum*]. Gewaltig also irren die Leute, welche versuchen, sogleich mit Werken und Anstrengungen der Buße die Sünde zu tilgen und gleichsam mit dem Vorbild [*exemplum*] beginnen, wo sie [eigentlich] mit dem göttlichen Zeichen [*sacramentum*] anheben sollten. (WA 57, 3, 114)

Wer an Christus glaubt, haftet an Christus, ist eins mit Christus, hat dieselbe Gerechtigkeit mit ihm. (WA 2, 146)

Es bedarf keines besonderen Hinweises, dass Luther das Vokabular der mystischen Spiritualität vertraut war. In diesem Zusammenhang wurde darauf aufmerksam gemacht, dass das von ihm oft verwendete Begriffspaar „sacramentum" (für Zeichen) und „exemplum" (für Vorbild) von seinem frühen Studium der Schriften des dem Augustinermönch nahestehenden Kirchenvaters Augustinus herrührt, speziell von dessen Buch über die Dreieinigkeit („De trinitate", Buch IV, Kap. 3). Und was die Kontinuität mystischer Vorstellungen anlangt, so durchziehen diese das gesamte Lebenswerk des Reformators. Dazu der katholische Kirchenhistoriker Erwin Iserloh: „Das setzt uns in Erstaunen, weil unsere Ansicht von Luthers Erlösungs- und Rechtfertigungslehre allzu sehr von der Systematisierung der lutherischen Orthodoxie und von daher geprägten Lehrbüchern geprägt ist."[71]

Immer neue Wendungen findet Luther, um die Dynamik und die Spontaneität des Glaubensvollzugs zum Ausdruck zu bringen. Oft sind es Wortbildungen wie das „Hinüberspringen", das „Hinübergeworfenwerden", das „Ansichreißen" des Christus. Gelegentlich begegnet man dem Begriff der „Zusammenleimung" (conglutinatio), durch die Christus mit dem durch die Sünde verlorenen Menschen zu einer Heilung verbürgenden Vollständigkeit verbunden sei. Getrenntes ist zu einem Ganzen geworden. Das lässt an den

71 Erwin Iserloh, aaO., 79; dort weitere Belege.

aus der spekulativen Mystik stammenden, von Luther eher gemiedenen Ausdruck der „Unio mystica" denken. Sodann finden sich unter Bezug auf das Hohelied auch Anklänge an die, wie wir gesehen haben, von ihm mehrfach bedachte Brautmystik.

Der wird auf Christi Schultern getragen, der im Glauben auf ihn sich stützt. Und eben er wird seliglich den Hinübergang gewinnen mit der Braut, von der geschrieben steht [Hld 8,5], sie steige herauf durch die Wüste und stütze sich auf ihren Geliebten. (WA 57, 3, 224)

Mystische Bildhaftigkeit ist für Luther stets ein realsymbolischer Ausdruck für das jeweils Zugrundeliegende. Er ist bestrebt, dass der Gehalt des Gotteswortes durch die verwegene Preisgabe des Leibhaften nicht spiritualistisch entleert werde, sondern seine volle Wirklichkeitsnähe bewahrt. Diese für den Reformator generell wichtige Einstellung dürfte sich nicht zuletzt aus einer seelsorglichen Haltung heraus ergeben. Er will die geistlich noch nicht Gereiften – und das heißt: das Gros seiner Gemeinde – nicht überfordern. Andererseits ist ihm die konkrete Schöpfung als „Gefäß" für das Evangelium wichtig. Und die kommt durch die sichtbaren Zeichen ebenso wie durch das gesprochene Wort zum Ausdruck. Das mag auch ein Grund sein, weshalb ihm die mystisch-negative Theologie eines Dionysios Areopagita geradezu verdächtig erschienen ist.[72] *Derjenige, eben Jesus*

72 Dionysios Areopagita hat als der geistige Vater der abendländischen Mystik zu gelten. Seine theologia mystica zieht das Dunkel eines mystischen Nichtwissens einer im Rationalen verweilenden Rede von Gott vor. Vgl. Josef Sudbrack, Trunken vom Hell-lichten Dunkel des Absoluten, Freiburg 2001.

Christus, der „Fleisch geworden" ist (sárx egéneto; incarnatus est; Joh 1,14), will auch in der Betrachtung für uns seine Realpräsenz bewahren. Ist dies der Fall, dann kann sich Luther den spirituellen bzw. mystischen Aspekt des Evangeliums voll zu eigen machen; dann kann er seinen Tod „in Christi Wunden" geborgen sehen.

Ich glaube an den Sohn Gottes, der für mich gelitten hat, sehe meinen Tod in seinen Wunden, und sonst nichts sehe und höre ich als ihn. Das heißt: Glaube Christi und Glaube an Christus. Die Schwärmer sagen, geistigerweise ist er in uns, das heißt: spekulativ; realiter aber, sagen sie, ist er droben. Aber es müssen Christus und der Glaube verbunden werden, und wir müssen im Himmel weilen und Christus im Herzen. Es geht nicht spekulativ, sondern realiter zu. (WA 40, 1, 546)

Bleibt nur noch darauf hinzuweisen, dass Luther das „mystische Verständnis der Rechtfertigung als Inbegriff der Lebens- und Liebesgemeinschaft mit Christus" nach Befund des bereits zitierten Kirchenhistorikers Erwin Iserloh[73] *auch noch gegen Ende seines Lebens aufrecht erhalten hat. Wenn Luther daher den Glauben als ein „Erkenntnisgeschehen" begriff, dann verstand er darunter alles andere als eine theologisch-rationale Kopfgeburt, sondern in Anknüpfung an Gen 4,1 als eine tatsächliche mystische Liebesvereinigung, eine „heilige Hochzeit". Das von Luther hier und auch sonst nie preisgegebene „irdische Zeichen" ist in diesem Fall der eheliche Vollzug.*

73 Erwin Iserloh, aaO., 70.

Der Glaube ist eine experimentale Erkenntnis und findet Ausdruck in dem Wörtchen: „Adam erkannte sein Weib", d.h. in der Erfahrung [*sensu*] erkannte er sie als sein Weib, nicht spekulativ und historisch, sondern experimentaliter. Der historische Glaube sagt zwar auch: Ich glaube, dass Christus gelitten hat, und zwar auch für mich, aber er fügt nicht diese sensitive [sinnlich empfindbare] und experimentale Erkenntnis hinzu. Der wahre Glaube aber statuiert dieses: Mein Geliebter ist mein, und ich ergreife ihn mit Freuden. (WA 40, 3, 738)

Bedenkt man, dass Martin Luther durch die Predigt, also Aug in Aug mit seiner Zuhörerschaft, darunter seine geliebte Ehefrau Käthe, noch sehr viel persönlicher, eindringlicher gewirkt haben wird als durch das geschriebene Wort, dann ermisst man wohl am ehesten, mit welcher Überzeugungskraft er die für ihn so bedeutsamen Inhalte der Brautmystik darlegen konnte.

Nun noch ein anderer Beleg aus einer Predigt über das Gleichnis Jesu von den klugen und den törichten Jungfrauen, die in mitternächtlicher Stunde, das heißt auch unter dem endzeitlichen Aspekt, der Herankunft des Bräutigams Christus entgegensehen, um selbst an der ersehnten Hochzeitsfeier teilnehmen zu dürfen (Mt 25,1 – 13).

Seht, hier im Evangelium nennt Christus alle Christen zusammen ein Gespons oder Braut, und er ist der Bräutigam. Hier soll kein Mittel [kein Zwischending] sein. Was wäre das für eine Ehe, so eine Mittelsperson sich müsste zwischen die Ehe stellen und die Braut ihrem Bräutigam etwas werben und erlangen? ... Also sollen wir wissen, dass Christus unser lieber, freundlicher Gespons [Partner] ist, und wir sind die Braut. Da ist kein Mittel vonnöten, sondern wir sollen selbst mit solcher ganzer Zuversicht zu ihm treten, wie je eine geliebte Braut zu ihrem holdseligen freundlichen ehelichen Gemahl immer getreten ist. Denn der christliche Glaube bringt zuwege, dass Christus ist der Bräutigam, ich bin die Gespons [die Braut]. (WA 10, 3, 357)

Dieser relativ frühen Predigt aus dem Jahr 1522 sei abschließend eine solche vom Oktober 1537 hinzugefügt, die als Beleg für die späte Schaffensperiode stehen möge, in der nach dem reformatorischen Aufbruch zwar die dort auftauchenden mystischen Bezüge in den Hintergrund treten, aber das große Thema von der mystischen Teilhabe an der göttlichen Natur ist noch nicht verklungen.

Das muss ja eine große unergründliche und unaussprechliche Liebe sein Gottes gegen uns, dass sich die göttliche Natur so mit uns verbindet und senket sich in unser Fleisch und Blut, dass Gottes Sohn wahrhaftig wird mit uns *ein* Fleisch und *ein* Leib und sich so hoch unser annimmt, dass er will nicht allein unser Bruder, sondern auch unser Bräutigam sein, und sich an uns wendet und zu eigen gibt alle seine göttlichen Gaben: Weisheit, Gerechtigkeit, Leben, Stärke, Gewalt, dass wir sollen in ihm auch teilhaftig sein der göttlichen Natur, wie Sankt Petrus spricht (2 Petr 1,4). Und er will, dass wir solches sollen glauben, dass wir in diese Ehre und Güter gesetzt sind. (WA 10, 3, 336)

10. Luthers meditatives Leben

Wie bekannt, stellen Gebet, Meditation und die wort- sowie bildfreie Kontemplation einen unverzichtbaren Bestandteil eines geistlichen Lebens dar. Das gilt insbesondere für die Mystik in ihrem Gesamtumfang. Weil der Wittenberger Reformator auf die geistliche Schulung eines Augustinermönchs zurückblicken konnte, waren ihm verschiedene Formen monastischer Spiritualität aus langjähriger Praxis vertraut, was freilich nicht heißt, dass er sie in jeder Form für seine spätere Lebenspraxis übernommen hätte. Jedenfalls erteilte er, wie ersichtlich, dem mönchischen Stundengebet eine entschiedene Absage. Darüber hinaus widmete er lebenslang dem Gebet einen wesentlichen Teil seiner Schaffenszeit. Mögen sich auch die Gelehrten streiten, nach welchem Buch der junge Ordensmann das Meditieren gelernt hat, sicher ist: Er kannte die grundlegenden Handbücher der geistlichen Betrachtung, vor allem das berühmte „Rosetum" spiritueller Übungen, das von Johannes Mauburnus (Jan Mombaer) stammt, der – wie bereits erwähnt – der in den Niederlanden beheimateten und weit ausstrahlenden religiösen Bewegung der Devotio moderna angehört hat.[74]

Nun ist die Meditation für Luther, namentlich für den Bibelübersetzer, den Ausleger und Prediger, eine Weise des intensiven Umgangs mit der Heiligen Schrift. Damit setzte er einen deutlichen Akzent, wodurch sich sein Meditieren von anderen Formen, die diese Bezeichnung tragen, unterscheiden. Sein Bestreben lässt sich charakterisieren als „ein betendes Sichmühen um das rechte Verständnis des Textes

74 Martin Nicol, Meditation bei Luther, Göttingen 1984, 21 ff.

... Christliche Meditation ist kein rein intellektueller Akt, sondern sie geschieht immer in der betenden Hinwendung zu Gott"[75]*. Mit anderen Worten ist jene Gestalt der Meditation, an der sich Luther orientieren konnte „eine methodische, Intellekt und Affekt des Menschen erfassende und im Gesamtzusammenhang einer geistlichen Lebensführung stehende Übung, welche auf erfahrungsmäßige Begegnung mit Gott zielt"*[76]*. Der von Ehrfurcht geleitete Mensch ist ganz in Anspruch genommen. Die Nähe zum sakramentalen, in äußeren Zeichen gefassten Geschehen ist daher groß. Dazu gehört das an das Psalmwort (Psalm 34,9) angelehnte „Schmecken und Sehen, wie freundlich der Herr ist".*

Von dem von ihm als leeres Geplapper empfundenen mönchischen Stundengebet, dessen er überdrüssig geworden ist, hat er sich bald verabschiedet. Einerseits folgte er einem inneren Antrieb. Er gestand einmal Meister Peter, einem ihm gut bekannten Barbier, was ihn veranlasst, mitten im Alltag in die Stille der Gottesbegegnung zu gehen. Schlicht und unverblümt schreibt er ihm, was er anstellt, wenn es ihm gar nicht danach ist zu beten:

Lieber Meister Peter, ich geb's euch so gut als ich's habe und wie ich selber mich mit dem Beten halte. Unser Herr Gott gebe es euch und jedermann besser zu machen, Amen.

Erstlich, wenn ich fühle, dass ich durch fremde Geschäfte oder Gedanken bin kalt und unlustig zum Beten geworden ... nehme ich mein Psälterlein, laufe in die Kammer oder, so es der Tag und Zeit ist, in die Kirche zum Haufen [d.h. zu den Leuten] und hebe an, die Zehn Gebote, den Glauben

75 AaO., 49.
76 AaO., 15.

und, wenn ich Zeit habe, etliche Sprüche Christi, des Paulus oder Psalmen mündlich bei mir selbst zu sprechen, ganz so, wie die Kinder tun. Darum ist es gut, dass man früh morgens lasse das Gebet das erste und des abends das letzte Werk sein. Und hüte sich mit Fleiß vor diesen falschen betrügerischen Gedanken, die da sagen: Harre ein wenig, über eine Stunde [d.h. in einer Stunde] will ich beten; ich muss dies oder das zuvor fertigmachen. Denn mit solchen Gedanken kommt man vom Gebet in die Geschäfte; die halten und umfangen dann einen, dass aus dem Gebet des Tages nichts wird.[77]

Dieser eher spontane Impuls zu Gebet und Besinnung ist das Eine. Aber für Martin Luther gab es nach Aufgabe des klösterlichen Stundengebets auch Fixpunkte des Innewerdens: „Innerhalb eines festen Rahmens hat sich Luther immer wieder spontan zu Gebet und Meditation zurückgezogen. In diesem Zusammenhang verdient die Bemerkung Veit Dietrichs Beachtung, Luther habe auf der Feste Coburg (1530) täglich mindestens drei Stunden – und zwar die zum Studium geeignetsten – dem Gebet gewidmet.“[78]

Fragt man, woran er sich beispielsweise gehalten habe, dann erfährt man von ihm, als wie hilfreich er die Psalmen – er spricht beinah zärtlich von seinem „Psälterlein“ – empfunden hat: „Was ist der ganze Psalter anderes als eine durchgehende Betrachtung und Einübung …?“ Und weil ihm die für die Meditation unerlässliche Wiederholung als fortwährende Einübung wichtig war, schrieb er die beiden 1529 entstandenen Katechismen, den Kleinen Katechismus mit den

77 Martin Luther, Eine einfältige Weise zu beten für einen guten Freund, 1535; WA 38, 358–360.

78 Martin Nicol, aaO., 70.

Hauptstücken des christlichen Glaubens für die Familie und die ganze Gemeinde; daneben den Großen Katechismus für die in jenen Tagen ihrem Auftrag oft noch nicht gewachsenen Prediger. Jahrhunderte hindurch gehörte der gesamte Text von Luthers Auslegungen zu den Zehn Geboten, zum Glaubensbekenntnis, Vaterunser und zu den Sakramenten (Taufe, Abendmahl und Beichte) zum eisernen Bestand des auswendig zu lernenden Lehrstoffs für die Konfirmation. Auf diese Weise ging es darum, sich die theologischen Inhalte mit Blick auf die Wirkung des Heiligen Geistes einzuprägen. Insofern stellt die Erläuterung zum Dritten Artikel ein Beispiel der von Luther empfohlenen Meditation dar:

> *Ich glaube, dass ich nicht aus eigener Vernunft noch Kraft*
> *an Jesus Christus, meinen Herrn, glauben*
> *oder zu ihm kommen kann;*
> *sondern der Heilige Geist hat mich durch das Evangelium*
> *berufen, mit seinen Gaben erleuchtet,*
> *im rechten Glauben geheiligt und erhalten;*
> *gleichwie er die ganze Christenheit auf Erden berufet,*
> *sammelt, erleuchtet, heiliget*
> *und bei Jesus Christus erhält*
> *im rechten einigen Glauben;*
> *in welcher Christenheit er mir und allen Gläubigen*
> *täglich alle Sünden reichlich vergibt*
> *und am Jüngsten Tage mich und alle Toten*
> *auferwecken wird*
> *und mir samt allen Gläubigen in Christus*
> *ein ewiges Leben geben wird.*
> *Das ist gewisslich wahr. (WA 30, 250)*

Der Zusammenstellung solcher Hauptstücke des christlichen Glaubens bedurfte es, damit sich der reformatorische Prozess in den Familien wie in den Gemeinden einwurzeln konnte. Das ergaben die Visitationen, die Luther während der Zwanzigerjahre in den kursächsischen Pfarreien durchführte. Und diese ersten reformatorisch predigenden Pfarrer sollen, so betonte Luther, nicht in erster Linie Doktoren, also nicht nur theoretisch Lehrende sein. Vor allem dürfe niemand meinen, sich mit bloßem theologischem Bescheidwissen schon zufrieden geben zu dürfen. Deshalb schärft er dieser „Zielgruppe", seinen förderungsbedürftigen Kollegen, ein, dass es auf Regelmäßigkeit und Wiederholung ebenso ankomme wie auf intensive Bedachtsamkeit, um zu der für das Christsein erforderlichen Glaubenserfahrung zu gelangen. Indem man sich die Wortlaute der Schrift einprägt, geht es darum, sich geradezu mit dem Gotteswort zu imprägnieren. Keinesfalls dürfe man sich in illusorischer Weise darauf etwas „einbilden", als habe man eine besondere Tat vollbracht:

Darum bitte ich nochmals alle Christen, besonders die Pfarrer und Prediger, sie sollen nicht zu früh Doktoren sein wollen und sich nicht einbilden, alles zu wissen ... Vielmehr sollen sie sich täglich wohl drin üben und sich's immer einprägen, und dazu mit allem Bedacht und Fleiß sich vorsehen vor allem giftigen Unflat solcher Sicherheit oder Dünkelmeister. Dagegen sollen sie stetig anhalten mit Lesen, Lehren, Lernen, Nachdenken und Nachsinnen und nicht davon ablassen, bis sie die Erfahrung machen und dessen gewiss werden ... Werden sie solchen Fleiß drauf verwenden, so will ich's ihnen versprechen und sie sollen's innewerden, was für einen Gewinn sie erlangen werden, und was für ausgezeichnete Leute Gott aus ihnen machen wird ... Dazu gebe Gott seine Gnade! Amen.[79]

Zehn Jahre später, in der Vorrede zum ersten Band seiner deutschen Schriften (1539), hebt Luther einmal mehr hervor, dass Meditation, wie er sie praktiziert und anderen nahelegt, für ihn in erster Linie den besonnenen Umgang mit der Heiligen Schrift bedeutet. Dabei lässt er durchblicken, dass diese Weise der Vergegenwärtigung des göttlichen Wortes ihn zum geistlichen Schriftsteller gemacht habe, und zwar so wie schon die Väter samt den Konzilien in der frühen Kirche zur Gotteserkenntnis gelangt seien. Dabei leiten ihn drei Elemente, nämlich Gebet, Betrachtung und Anfechtung (oratio, meditatio, tentatio). Sie sind es, die einen Theologen, und das heißt: einen im Sinne des Wortes durch das Gotteswort Gelehrten ausmachen. Jedenfalls ist darunter keine im heutigen Sinn auf hohen Schulen zu erlangende religiös-wissenschaftliche Bildung gemeint!

Über das will ich dir anzeigen eine rechte Weise, in der Theologie zu studieren, so ich mich geübt habe ... *Erstlich* sollst du wissen, dass die Heilige Schrift ein solches Buch ist, das aller anderen Bücher Weisheit zur Narrheit macht, weil keins vom ewigen Leben lehrt, außer diesem allein. Darum sollst du an deinem Sinn und Verstand stracks verzagen. Denn damit wirst du es nicht erlangen, sondern mit solcher Vermessenheit dich selbst und andere mit dir stürzen vom Himmel in der Hölle Abgrund. Sondern knie nieder in deinem Kämmerlein und bitte mit rechter Demut

79 Vorrede Martin Luthers (zum Großen Katechismus) an die Pfarrer und Prediger. (CL 1. S. 16).

und Ernst zu Gott, dass er dir durch seinen lieben Sohn wolle seinen Heiligen Geist geben, der dich erleuchte, leite und Verstand gebe …

Zum andern sollst du meditieren, das ist: nicht allein im Herzen, sondern auch äußerlich [durch] die mündliche Rede und das buchstabische Wort …Und hüte dich, dass du nicht überdrüssig wirst oder denkst, du habest einmal oder zweimal genug gelesen, gehört, gesagt und verstehest es alles zu Grund [d.h. gründlich] … Gott will dir seinen Geist nicht geben ohne das äußerliche Wort. Da richte dich nach! Denn er hat nicht vergeblich befohlen, äußerlich zu schreiben, predigen, lesen, hören, singen, sagen et cetera.

Zum dritten ist da *tentatio*, Anfechtung. Das ist der Prüfstein, die lehrt dich nicht allein wissen und verstehen, sondern auch erfahren, wie recht, wie wahrhaftig, wie süß, wie lieblich, wie mächtig, wie tröstlich Gottes Wort sei, Weisheit über alle Weisheit … Siehe, da hast du Davids Rede [im 119. Psalm]: Studierst du nun wohl diesem Exempel nach, so wirst du mit ihm auch singen und rühmen in dem selben Psalm: „Das Gesetz deines Mundes ist mir lieber denn vieltausend Stück Goldes und Silbers.“ …

Wenn du hierher gekommen bist, so hoffe getrost, dass du hast angefangen, ein rechter Theologe zu werden, der nicht allein die jungen, unvollkommenen Christen, sondern auch die zunehmenden und vollkommenen möge lehren, denn Christi Kirche hat allerlei Christen in sich, junge, alte, schwache, kranke, gesunde, starke, frische, faule, alberne, weise et cetera.[80]

80 Aus Luthers Vorrede zum 1. Band seiner deutschen Schriften (1535). WA 50, 658 – 660.

III. Stimmen und Zeugnisse zu Martin Luther

Das spekulative Interesse, das in der deutschen Mystik einen breiten Raum einnimmt, beschäftigte Luther nicht. Es war eindeutig das Frömmigkeitserlebnis, das Sterben und Auferstehen der Seele in Christo, das ihn zur Mystik hinzog. Die praktischen Anwendungen der deutschen Mystik nahmen sein Herz gefangen und dienten ihm, Gott näher zu kommen. Einzig das sehnsüchtige Verlangen nach Innerlichkeit bewegte ihn, und das seelische Verhältnis zu Christus trat ihm in der Mystik auf eine überaus konkrete und ergreifende Art entgegen.

Walter Nigg (1959)

In ziemlicher Kontinuität hält Luther seine Linie durch. Er steht positiv zur Mystik als einer *sapientia experimentalis* [d.h. einer auf Erfahrung gegründeten Weisheit] als einer Lebeweisheit, gemäß der der Mensch den religiösen Wirklichkeiten nicht theoretisch spekulierend gegenübersteht, sondern in ihnen steht und aus ihnen lebt ... Luther lehnt jede Spekulation ab, die zu einer Einigung mit Gott kommen möchte ohne den menschgewordenen Christus beziehungsweise an ihm vorbei.

Erwin Iserloh (1967)

Die deutsche Mystik mit ihrer Erfahrung und ihren Verstehenshorizonten hat Luther geholfen, die richtige oder falsche Ausrichtung des Menschen vor Gott zu diagnostizieren. Luther hat sich dabei keineswegs an die Mystik verloren, sondern sie seiner Schriftkonzeption ebenso dienstbar gemacht wie vorher schon Augustin. Die Mystik bot eine kritische Alternative zum Menschenbild der scholastischen Theologie; alles andere interessierte ihn offensichtlich nicht. Aber diesen Aspekt konnte er in seine werdende Theologie integrieren. Was Luther Tauler und der „Deutschen Theologia" entnahm, war noch nicht die spätere reformatorische Erkenntnis. Insofern aber zu dieser als Voraussetzung immer die kritische Einsicht in die eigene Unfähigkeit des Menschen und damit die demütige Angewiesenheit auf Gott gehörte, brauchte Luther auch später die Aufnahme der mystischen Theologie nicht zu widerrufen.

Martin Brecht (1981)

In der Gestalt Luthers kommt etwas zum Tragen, was für die Zukunft des Christentums wie auch für die Zukunft der Menschheit von immer größerer Bedeutung wird: die Reflexion und das Bewusstwerden von Erfahrung ... Das Lob, das der Reformator Johannes Tauler spendet, weil er eine „Sapientia experimentalis, et non doctrinalis" lehre, eine Erfahrungsweisheit und kein Schulwissen, trifft ihn, Luther, wohl viel stärker als den 200 Jahr älteren Dominikanermönch.

Josef Sudbrack (1981)

Wenn wir unter Mystik das Innewerden eines Vereintseins mit Gott verstehen, finden wir bei Luther Mystik.

Im Herzstück seiner Theologie war ihm das Bewusstsein einer engsten Gemeinschaft des Glaubenden mit Christus unverzichtbar. Die Entfaltung dieses Glaubensbewusstseins enthält Elemente, die mit mystischen Traditionen des Mittelalters locker verwandt sind. Dennoch kann man den Komplex der Mystik Luthers weder im ganzen noch in einzelnen Elementen geradlinig aus der mittelalterliche Mystik ableiten. Im Kontext der Theologie Luthers hat sich das, was wir seine Mystik nennen können, als etwas höchst Eigentümliches herausgebildet.

Reinhard Schwarz (1984)

Es ist auffallend, dass Luthers begeisterte Äußerungen über die Mystik „zeitlich zusammenfallen mit der Ausbildung und Darlegung seines eigenen Rechtfertigungsverständnisses“ (W. Link). Es stellt sich von daher die Frage nach einer inhaltlichen Korrespondenz zwischen der Ausformung der lutherischen Rechtfertigungslehre und mystischen Grundhaltungen mit Recht ... Die Rechtfertigungslehre ist gewissermaßen der Raster, der bestimmte mystische Grundhaltungen bei Luther sichtbar werden lässt.

Alois Maria Haas (1989)

Luther hat ein umfangreiches literarisches Werk hervorgebracht, das aber keine eigentlich mystischen Schriften enthält. Elemente mystischer Überlieferung und Reflexion auf mystische Phänomene finden sich jedoch in vielen, besonders in den frühen deutschen Schriften. Wie seine gesamte Frömmigkeit und Theologie, so ist auch seine Behandlung der Mystik für das Luthertum vorbildlich geworden.

Ulrich Köpf (1989)

Wie sämtliche bedeutende Theologen hat der Wittenberger Reformator Anteil an nahezu allen Strömungen, die seine Zeit bestimmten ... So hat er mystische Grundgedanken in seine Frühschriften, Predigten und Lieder aufgenommen, diese aber in einem produktiven Missverständnis im Sinn seiner eigenen Theologie verarbeitet. Eine deutliche Nähe zur Mystik ist vor allem dem jungen Luther nicht abzusprechen; ein Mystiker im Sinn vieler Religionsgeschichtler war er nicht.

Gerhard Ruhbach (1989)

Es ist vor allem vonseiten Luthers eine sehr bewusste Tat, den Gott der biblischen Offenbarung und der Heilsgeschichte dem Gott der philosophischen Tradition vorzuziehen. Luthers Theologie spricht von dem Gott, der den Menschen in Jesus Christus Rettung bringt. Rechtfertigung durch den Glauben allein impliziert immer, dass Gott die Menschen nicht gemäß ihrer Moral und ihrer metaphysischen Gerechtigkeit behandelt, sondern gemäß einer anderen Gerechtigkeit, nämlich der des Evangeliums und der der Gnade.

Marc Lienhard (1995)

Die Theologie entdeckte, dass Martin Luthers Verhältnis zur Mystik viel differenzierter gesehen werden muss, als das in der Vergangenheit weithin geschah. In dessen Streit mit den Spiritualisten ging es um die richtige reformatorische Verhältnisbestimmung zu mystisch geprägten Glaubenserfahrungen. Dies darf nicht mit einer pauschalen Ablehnung der Mystik verwechselt werden. Luther konzentrierte seine Theologie und Spiritualität auf die durch Jesus Christus erwirkte Versöhnung zwischen Gott und Mensch. Dabei verdammte er jedoch nicht die mystischen Erfahrungen, sondern unterzog sie einer Reinterpretation im Sinne der neuen reformatorischen Erkenntnisse.

Peter Zimmerling (2005)

IV. Zeittafel

1483 10. November: Martin Luther wird in Eisleben geboren und am darauffolgenden Martinstag getauft.

1501 Nach dem Besuch der Lateinschule in Mansfeld, der Schule in Magdeburg und der St. Georgen-Schule in Eisenach, im Mai 1501: Immatrikulation an der Universität Erfurt; Beginn des Grundstudiums der Freien Künste (*artes liberales*).

1505 Januar: Promotion zum Magister.
Mai: Beginn des Jurastudiums.
2. Juli: Blitzschlag-Erlebnis bei der Ortschaft Stotternheim in der Nähe von Erfurt.
17. Juli: Eintritt ins Kloster der Augustiner-Eremiten in Erfurt.

1506 3. April: Priesterweihe.
Auf Veranlassung des Generalvikars der sächsischen Augustiner, Johann von Staupitz, Beginn des Theologiestudiums.

1510 November: Antritt der Romreise im Auftrag seines Ordens..

1511 Februar bis April: Rückreise.
Luther wird Subprior der Augustiner in Wittenberg, verbunden mit der Vorlesungstätigkeit an der Universität.

1512 19. Oktober: Promotion zum Doktor der Theologie und Beginn der bibeltheologischen Vorlesungen (Genesis, Psalmen, Römerbrief, Galaterbrief).

1515/16 Begegnung mit mystischer Literatur

1516 Erste Herausgabe der „Theologia Deutsch“.

1517 31. Oktober (Reformationstag): Veröffentlichung der 95 Thesen gegen den Ablasshandel und die fragwürdig gewordene kirchliche Bußpraxis.

1518 Oktober: Anstelle eines Verhörs vor den römischen Behörden kommt es zu einer Verantwortung vor dem päpstlichen Legaten Kardinal Cajetan in Augsburg.

1519 12. Januar: Maximilian I. stirbt.
28. Juni: Wahl des Spanierkönigs als Karl V. zum deutschen Kaiser.
Juli: Disputation zwischen dem Ingolstädter Theologen Johann Eck und Luther auf der Pleißenburg in Leipzig.

1520 Die päpstliche Bannandrohungsbulle „*Exurge Domine (Erhebe dich Herr …)* wird in Deutschland verbreitet, wodurch die mit dem Namen Martin Luther verbundenen reformatorischen Auseinandersetzungen verschärft werden.
Luthers reformatorische Grundschriften: „*An den christlichen Adel deutscher Nation*“; „*Von der Babylonischen Gefangenschaft der Kirche*“; „*Von der Freiheit eines Christenmenschen*“.
10. Dezember: Luther verbrennt in Wittenberg die Bannandrohungsbulle öffentlich; damit ist der Bruch mit Rom perfekt.

1521 3. Januar: Offizielle Verhängung des Kirchenbannes.

17./18. April: Verhör und Bekenntnis Luthers vor dem Reichstag in Worms.
Mai: Mit dem Wormser Edikt erfolgt nach dem Kirchenbann auch die Verhängung der Reichsacht über Luther. Das bedeutet das generelle Verbot der von ihm begonnenen Reformation.
9. Mai: Kurfürst Friedrich III. von Sachsen veranlasst Luthers Schutzhaft auf der Wartburg.
Im Herbst: Die von einigen Lutherbegeisterten entgegen dessen Willen in Wittenberg initiierte Bewegung mit dem sogenannten Bildersturm trägt revolutionäre Züge.
Dezember: Beginn der Übersetzung des Neuen Testaments.

1522 März: Luther widersetzt sich dem Kurfürsten und verlässt die Wartburg. In seinen Invocavit-Predigten sucht er in Wittenberg die aus dem Ruder gelaufene Bewegung zu korrigieren.
September: Die Verdeutschung des Neuen Testaments erscheint erstmals im Druck (*September-Bibel*).

1523 Juli: Verbrennung zweier reformatorisch gesinnter Mönche in Brüssel. Luthers Liedschaffen beginnt.

1524 Juni: Beginn der Bauernaufstände in der Grafschaft Stühlingen/Südschwarzwald, die sich über Südwestdeutschland und anschließend nach Mitteldeutschland ausbreitet.

1525 Der Bauernkrieg ist in vollem Gang. In drei Bauernkriegsschriften äußert sich Luther kritisch zu den Ausschreitungen und lehnt das Widerstandsrecht der Untergebenen ab.

Thomas Müntzer tritt als Prediger an die Spitze der mitteldeutschen Bauern. In seinen Schriften verbindet er im Widerspruch zu Luther mystische mit sozialpolitischen Anschauungen.
5. Mai: Tod des Kurfürsten Friedrich III., genannt der Weise.
27. Mai: Thomas Müntzer wird nach der Schlacht von Frankenhausen und nach harter Folterung getötet.
13. Juni: Luthers Eheschließung mit der Nonne Katharina von Bora.
Dezember: *„De servo arbitrio (Vom geknechteten Willen)"* artikuliert Luthers Abrechnung mit Erasmus von Rotterdam und dessen Humanismus.

1526 I. Speyrer Reichstag schiebt die Lösung der Frage der Reformation auf. Das entspricht einer zeitweiligen Entlastung der reformatorischen Aktivitäten im Reich.

1529 II. Speyrer Reichstag fordert die Durchsetzung des Wormser Edikts von 1521. Dagegen erfolgt die Protestation der lutherfreundlichen Fürsten und freien Reichsstädte. Damit wird offenkundig, dass ein wesentlicher Teil Deutschlands für die politische Duldung und Förderung der Reformation eintritt.
Oktober: Marburger Religionsgespräch zur Klärung der Abendmahlsfrage zwischen Luther und Zwingli.

1530 April bis November: Luther auf der Feste Coburg.
Juni: Verlesung der von Philipp Melanchthon verfassten *Confessio Augustana* während des Reichstags in Augsburg in Anwesenheit Karls V.

1534 Fertigstellung und Druck der durch Luther verdeutschten Gesamtbibel.

Vernichtung des Täuferreichs in Münster.

1537 *Schmalkaldische Artikel*, als lutherische Bekenntnisschrift neben den beiden Katechismen und der *Confessio Augustana.*

1545–1563 Das Konzil von Trient (*Tridentinum*) verurteilt die Reformation und leitet die innerkatholische Reform ein.

1546 18. Februar: Der schwer erkrankte Luther stirbt in Eisleben, nachdem er dort einen Streitfall der Grafen von Mansfeld geschlichtet hat.
22. Februar: Beerdigung in der Schlosskirche zu Wittenberg.

Literatur

Benutzte Werkausgaben

Sie basieren in textlich modernisierter Form auf der maßgeblichen kritischen Weimarer Gesamtausgabe. Weimar 1883 ff. – WA.

Martin Luther: Ausgewählte Werke. Hrsg. von H.H. Borcherdt und Georg Merz. 3. Aufl. München 1963 ff.- MÜ.

Calwer Luther-Ausgabe: Hrsg. von Wolfgang Metzger, Gütersloh 1977 ff. – CL.

Luther-Deutsch. Hrsg. von Kurt Aland, Göttingen 1982.

Martin-Luther-Studienausgabe. Hrsg. von Hans-Ulrich Delius, Berlin-Ost 1979 ff.

Martin Luther. Hrsg. von K. Bornkamm und G. Ebeling, Frankfurt 1995.

Sekundärliteratur

Aland, Kurt, Die Reformatoren. Luther, Melanchthon, Zwingli, Calvin. Gütersloh 1976.

Bayer, Oswald: Vita passiva – Luther und die Mystik, in: Mariano Delgado/Gotthard Fuchs (Hrsg.), Die Kirchenkritik der Mystiker, Band 2: Frühe Neuzeit, Friborug/Stuttgart 2005, 99 – 116.

Boehmer, Heinrich, Der junge Luther, 6.Aufl., hrsg. von H. Bornkamm, Stuttgart 1971.

Bornkamm, Heinrich, Martin Luther in der Mitte seines Lebens. Göttingen 1979.

Brandenburg, Albert, Luthers Auslegung des Magnifikat. Eine Einführung, in: Das Magnifikat. Verdeutscht und ausgelegt durch D. Martin Luther, Freiburg 1964, 9 – 29.

Brecht, Martin, Martin Luther. Sein Weg zur Reformation 1483 – 1521, Stuttgart 1981; 1990.

Dieterich, Veit-Jakobus, Die Reformatoren, Reinbek 2002.

Haas, Alois Maria, Luther und die Mystik, in ders.: Gott leiden – Gott lieben. Zur volkssprachlichen Mystik im Mittelalter, Frankfurt 1989, 264 – 285.

Hamm, Berndt/Leppin, Volker (Hrsg.), Gottes Nähe unmittelbar erfahren. Mystik im Mittelalter und bei Martin Luther, Tübingen 2007.

Leppin, Volker, Omnem vitam fidelium penitentiam esse voluit. Zur Aufnahme mystischer Traditionen in Luthers 1. Ablassthese, in: Archiv für Reformationsgeschichte 93 (2002), 7 – 25.

Leppin, Volker, Mystik, in: A. Beutel (Hrsg.), Luther-Handbuch, Tübingen 2005, 67 – 70.

Lohse, Bernhard, Martin Luther. Eine Einführung in sein Leben und Werk, München 1981.

Maurer, Wilhelm, Von der Freiheit eines Christenmenschen, Göttingen 1949.

Nigg, Walter, Martin Luther. Das heimliche Ja des Reformators, in: ders., Heimliche Weisheit.

Mystisches Leben in der evangelischen Christenheit, Zürich 1959.

Schwarz, Reinhard, Martin Luther, in: Gerhard Ruhbach/ Josef Sudbrack (Hrsg.), Große Mystiker. Leben und Wirken, München 1984, 185 – 202.

Vogelsang, Erich, Luther und die Mystik, in: Luther-Jahrbuch, Göttingen 1937, 32 – 54.
Wehr, Gerhard, Martin Luther, der Mystiker. Ausgewählte Texte, München 1999.
Wehr, Gerhard, Mystik im Protestantismus. Von Luther bis zur Gegenwart, München 2000.
Wentzlaff-Eggebert, Friedrich-Wilhelm, Deutsche Mystik zwischen Mittelalter und Neuzeit. 3. Aufl., Berlin 1969, 160 – 171.
Zimmerling, Peter, Evangelische Spiritualität. Wurzeln und Zugänge, 2. Aufl., Göttingen 2010.